머물고 싶은 순간을 팝니다

머물고 싶은
순간을 팝니다

정은아 지음

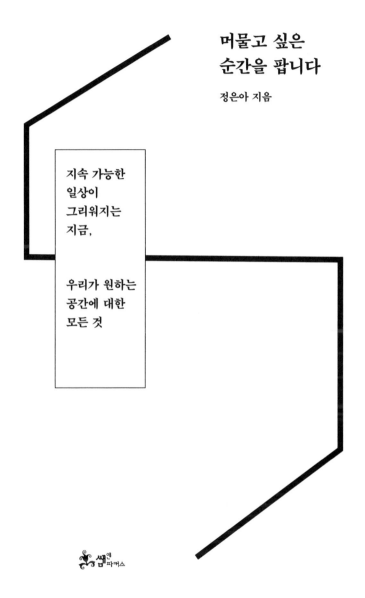

지속 가능한
일상이
그리워지는
지금,

우리가 원하는
공간에 대한
모든 것

쌤앤파커스

새롭고 낯선 일상 속,
우리가 원하는 공간에 대한 모든 것

자주 다니는 길을 걷다 보면 눈여겨보게 되는 가게가 있습니다.

"저기 꼭 가보고 싶다."

벼르고 별러 주말에 시간을 내서 직접 가본 가게는 내 마음에 꼭 들어 두고두고 방문하게 될 수도 있고, 밖에서 봤던 것만큼 만족스럽지 않아 다시 찾지 않게 될 수도 있습니다. 소문난 맛집이나 SNS 핫플도 마찬가지입니다. SNS 사진 속, 근사해 보이는 그곳을 시간 내 찾아갔지만, 생각 같지 않아서 시간 낭비를 했다는 기분이 들었던 적이 한두 번이 아니죠.

그렇다면 더 머물고 싶고, 계속 찾아오고 싶은 공간과 그렇지 않은 공간에는 어떤 차이가 있을까요? 사람들의 마음을 끌어당기는 가게들은 어떤 매력과 어떤 장점을 가지고 있을까요? 상식적인 선에서 보편적으로 떠올리는 조건들이 있죠. 취향을 저격하는 인

4

테리어, 친절한 직원들, 청결도, 음식이나 상품의 질⋯. 그러나 최근 사람들의 발길을 이끄는 공간은 상식 너머의 조건들을 갖추고 있습니다. 네, 예상하셨겠지만 바로 '코로나'라는 변수가 우리 시대에 도래했기 때문이죠.

모든 것이 변했고, 앞으로 얼마의 변화를 더 겪어야 하는지 가늠할 수 없는 시간을 보내고 있습니다. 아마 모든 이들에게 2020년과 2021년은 잊을 수 없는 시간이 될 것입니다. 기존에 우리가 알던 방식과 법칙은 더 이상 필요하지 않다고 느껴질 정도로 변화의 방향과 속도에 적응하기 힘든 상황이 되었죠. 저처럼 오프라인을 기반으로 하는 브랜드 기획자들 역시 변화의 속도가 예상보다 빠르게 진행되고 있음을 체감하고 있습니다.

혼란 속에 2년 가까운 시간이 흘렀고, 지금 우리는 변화된 환경에서 살아남을 수 있는 방법을 찾아야 하는 중요한 시기에 와 있습니다. 오프라인을 기반으로 하거나 온·오프라인을 함께 운영하는 사람들, 관련된 수많은 업종의 사람들은 달라진 소비환경에 적응하여 살아남기 위해 끝없이 고민해왔을 것입니다. 그리고 이제는 그 고민을 끝내고 행동해야 하는 타이밍이 되었습니다. 사실 이미 행동으로 옮기고 시행착오를 겪으며, 이 위기를 기회로 만든 이들은 우리 주변에 적지 않게 있습니다.

저는 2년 전 《우리는 취향을 팝니다》라는 책에서 오프라인 공간에 대한 근본적인 질문을 던진 적이 있습니다.

"이제 오프라인 공간은 더 이상 필요하지 않은 것인가?"

2년이 지난 지금, 저의 대답은 2년 전과 다르지 않습니다.

"그럼에도 불구하고 오프라인 공간은 필요하다."

구매를 위한 공간은 많은 부분 온라인으로 옮겨가게 될 것이고 오프라인 공간은 소비자들에게 공감과 경험을 제공하는 역할로서 존재하게 될 것입니다.
단, 한마디 덧붙이겠습니다.

"'이전과 다른 방식으로' 오프라인 공간은 필요하다."

'코로나 블루'는 사회적 동물인 인간이 코로나 상황으로 인해 사람들과 모이지 못하고 고립된 생활을 하게 되면서 생겨난 사회현상입니다. 비대면 생활에서 오는 무력감과 우울감, 불안감 등을 말하죠. 한때 자발적 고립을 외치던 사람들이 비자발적 고립 상태가 되자 그로 인한 스트레스로 우울감을 호소하게 된 것입니다.
'나는 딱히 우울하지 않은데?'라고 생각하시나요? 간단한 예를 들어보겠습니다. 사회적 거리두기 단계가 격상되어 카페 영업이 제한되었을 때 어떤 생각이 드셨나요? 카페에 들어가 테이블을 사이에 두고 잠깐의 담소를 나누는 것도 금지되었을 때 말이죠.

카페에 들어가 음료를 사서 바로 나와야 하고 의자와 테이블들이 한쪽 구석에 이삿짐처럼 쌓여 있는 모습을 보았을 때, 우리는 카페가 단순히 커피를 사고파는 곳이 아님을 느낄 수 있었습니다.

학교 수업이 온라인 수업으로 대체된 후는 어땠을까요? 학교가 그저 지식을 배우러 가는 곳이 아니라는 것을 알게 되었습니다. 코로나는 다양한 오프라인 공간들이 그동안 본질적인 역할 외에도 많은 부수적 역할을 하고 있었다는 것을 알려주었죠. 평소 당연하게 행하던 것들에 제약이 생기면서 행동 반경이 작아지고, 자유 또한 축소되었습니다. 무엇보다 우리가 사회적 동물이라는 것을 다시 한번 느낄 수 있었습니다.

여러 가지 이유로 일상이 빠르게 온라인화 되어가는 중이지만 여전히 사람들은 피부로 느껴지는 실체가 있는 것을 선호하고 대면 서비스에 대한 필요성을 느끼고 있습니다. 다만, 코로나로 인해 새로운 기준이 생기거나 기존에 불편함을 느끼지 못했던 것이 불편해지기 시작했을 뿐입니다. 그렇다면 우리는 그 기준에 맞는 오프라인 공간과 브랜딩 방식을 고민하고 실행하면 됩니다. 그것은 정답이 없는 일이고 이제부터 만들어나가면 되는 것들입니다. 거창하게 공식을 만들고 어려운 단어로 정의하려 하기보다 소비자 관점에서의 변화된 포인트를 좀 더 예민하게 살펴보고 그에 알맞은 방법을 찾아가는 과정이 필요합니다.

요즘 오프라인 매장에서는 방문하는 소비자들에게 요구하거나 요청하는 것들이 많아졌습니다. 이전에는 하지 않았던 개인정보에 대한 인증과 방역, 위생을 위한 절차들을 어떻게 불편하지 않게 요구하고 실행하게 할 것인가부터 고민해야 합니다. 공간을 찾는 사람들이 불안하지 않도록 무엇을 마련하고 그것을 어떻게 소비자에게 알릴 것인지에 대한 고민과 실행도 필요합니다. 4차 산업혁명으로 인한 오프라인 공간의 변화에 집중했던 이전에는 상상할 수 없는 일들입니다.

코로나 이후의 변화 중 하나는 '정보의 투명성'과 관련되어 있습니다. 이것은 비단 코로나로 인한 상황뿐 아니라 MZ세대의 소비 성향과도 맞닿아 있습니다. 기업 혹은 브랜드에 대한 정보는 다양한 루트로 공개되고 소비자는 그 정보를 자신만의 방식으로 취합하여 판단합니다.

가보고 싶었던 카페나 식당에 가기 전에 구글맵으로 위치와 리뷰를 확인하고, '네이버 MY플레이스'에서 영수증 리뷰, 인스타그램에 업로드된 최신 게시물까지 본 후에 부족한 정보는 네이버 블로그에서 찾습니다. 이런 과정은 오프라인 공간을 방문하기 위한 사전 작업으로, 온라인으로 먼저 공간을 경험하고 오프라인에서는 취합한 정보를 '검증'하는 것이 방문의 목적이 되었다고 해도 과언이 아닐 정도입니다.

또한 오프라인 공간에서의 소비는 제품을 구매하는 것에서 그치지 않습니다. 경험을 통해 감성을 충족하는 일련의 행위를 포함하며, 이는 앞으로 더욱 강화될 오프라인의 역할입니다. 비대면인 온라인에서 충족할 수 없는 소비자의 니즈를 실재하는 오프라인 공간을 통해 경험하게 하고 그 경험을 통해 감성을 충족하는, 다시 말해 오프라인 공간은 팬덤을 형성하고 그들과 소통하는 하나의 창구가 되는 것입니다.

　포스트 코로나 시대, 오프라인 공간을 운영하는 사람들은 다시 출발점에 서 있는 셈입니다. 기존과 다른 새로운 기준과 방식으로 어디를 향해 어떻게 나아가야 할지 준비하고, 나아가는 과정에서 끊임없이 좌표를 수정하는 작업을 해야 할 것입니다.

　소비자와 오프라인 공간을 통해 소통하는 분들이 이전과 달라진 상황에서 보다 나은 방식을 찾는 데에 조금이나마 도움이 되길 바라는 마음으로 이 책을 준비했습니다. 오프라인 공간을 만들고 운영하는 데 있어 도움이 되는 다정한 가이드이자 선명한 로드맵이 되었으면 좋겠습니다.

정은아

목차

프롤로그: **새롭고 낯선 일상 속, 우리가 원하는 공간에 대한 모든 것**   4

이 책을 읽기 전에   12

Part1. 괜찮았던 것이 괜찮지 않아진 세상

1. 그럼에도 오프라인 공간은 필요하다

물리적 거리는 멀게, 마음의 거리는 가깝게   21

가장 예민한 사람을 기준으로 한다   34

도심 한복판, 재활용으로 지어진 화장품 가게   45

비싸도 제대로 된 나만의 시간을 산다   56

집에서 경험하고, 공간으로 찾아가는 사람들   69

택배박스를 여는 순간, 경험이 시작된다   76

2. 멀어도, 비싸도, 줄을 서도 다시 찾고 싶은 곳

SNS 핫플보다 동네 사랑방이 되어야 하는 이유   85

집 앞에서 찾은 공항, 땅 위에서 먹는 기내식   94

'오픈빨'이 걷히고도 여전히 사람들이 찾아가는 가게   104

보편적인 서비스는 비대면으로, 특화된 서비스는 대면으로   109

결국 자연으로, 도시 여행자를 위한 공간   120

Part2. 매일 새로운 오늘, 우리가 공간을 소비하는 법

1. 우리는 취향을 쇼핑하러 갑니다

"나는 오늘도 예쁘고 비싼 쓰레기를 샀다"   137

모두를 만족시키려다 아무도 만족시키지 못한다   145

전시회장이 된 카페, 예술작품이 된 디저트   151

작은 가게에서 파는 적은 물건의 힘   162

2. 물건을 팔지 않는 상점들

침대를 사지 않아도 계속 가고 싶은 침대 매장   167

공간에 대한 관심이 브랜드로 연결되는 선순환   176

그 매장에서 살 수 있는 것은 오로지 경험뿐이다   181

팬시 덕후들을 끌어모은 '모나미스토어'   186

단골을 넘어선 팬덤이 필요한 시대   193

#기다림 #특별한 #나에게 주는 선물   200

스니커즈 편집숍 브랜드에서 와인바에 만든 호텔   206

3. '안'과 '밖'의 구분없이 공간을 누린다

온·오프라인의 순환구조를 만드는 '역쇼루밍'   219

오프라인으로 튀어나온 '무신사'   224

로봇들이 직원이 된 아날로그 공간   229

에필로그: 더 머물고 싶은 순간을 만나는 법   240

책 속에 등장한 '머물고 싶은' 공간들   244

참고문헌   248

이 책을 읽기 전에

　이제 우리의 삶은 코로나 이전으로 돌아갈 수 없다는 것을 많은 이들이 받아들이게 되었습니다. 위생에 대한 강박과 눈에 보이지 않는 세균은 공포의 대상이 되었고, 안전에 대한 불안은 지인이나 가족이 아닌 사람에 대한 경계심으로 드러납니다. 의류 스타일러는 위생기기가 되었고, 황사에 대응하던 공기청정기는 바이러스를 차단하는 필수 가전으로 역할이 바뀌었습니다.

　오프라인 공간에서도 이런 상황에 대처하는 다양한 방법들이 생겨나고 있습니다. 철저한 방역 관리가 공간을 찾는 소비자를 위한 하나의 서비스이자 마케팅 수단이 되었고, 100% 사전 예약제로 운영되는 매장도 늘어나고 있습니다. 이제 사람들은 정해진 시간에 소수의 인원이 안전하게 사용할 수 있는 공간이라면 기꺼이 좀 더 비싼 비용을 들여 예약하고 기다립니다.

코로나 이후 QR코드 체크인이 일반화되면서 전 연령대에 자연스레 디지털화된 서비스의 접근도 시작되고 있습니다. 온라인 구매나 배달 앱을 통한 구매에 50~60대 유입이 늘어난 것도 코로나가 만들어낸 현상 중 하나입니다. 이사할 때 지역을 선택하는 중요한 기준이 역세권보다 '쿠세권(쿠팡 로켓배송 가능 지역)'이라는 말이 나올 정도로 온라인 구매와 배달문화는 익숙하다 못해 당연해졌습니다.

반면 총알배송, 당일배송, 로켓배송의 편리함이 불러온 환경오염에 대해 각성하는 소비자가 늘어나고 있고, 이런 자신의 신념을 드러내는 '미닝아웃meaning out' 소비도 늘어나고 있습니다. 친환경을 그저 마케팅 소재로 사용하거나 적당히 흉내만 내고 생색내기 하는 기업에는 불매운동으로 대응하는 요즘 소비자에게 진정성 없는 친환경 내세우기는 아예 시도하지 않는 것이 좋습니다.

낯설게 느껴졌던 재택근무와 홈스쿨링이 늘어나면서 집을 중심으로 생활반경이 조정되었고, 원마일 웨어one-mile wear나 홈 웨어home wear에 대한 관심도 높아졌죠. 주거지역에서 발생하는 홈어라운드home around 소비문화는 배달문화에 이어 동네 상권이 되살아날 수 있는 하나의 요인이 되었습니다.

변화된 소비패턴 중 눈에 띄는 것은 구독형 서비스의 성장입니다. 일정 비용을 내고 원하는 콘텐츠나 제품, 서비스 등을 구독하는 자발적 멤버십이 소유보다 경험이 중요한 요즘 소비자의 니즈에 맞게 확장되고 있습니다.

대표적으로 딱히 이유를 설명할 수 없는 '나만의 취향'이 요즘 소비자들의 라이프와 소비패턴 전반에 영향을 미치고 있습니다. "홍시 맛이 나서 홍시 맛이 난다고 했다."는 드라마 '대장금' 속 대사처럼 '좋아서 좋은' 취향을 반영한 콘텐츠나 제품을 구매하고, SNS에 공유하는 '덕질' 문화가 산업과 문화 등 사회 전반에 영향을 주고 있기도 하죠.

삼성전자의 개인 맞춤형 냉장고인 '비스포크 냉장고'는 이런 요즘 소비자의 성향을 반영하여 다품종 소량생산으로 가전제품 시장에 새로운 트렌드를 제시하였습니다. 출시 1년 6개월만에 100만 대 이상을 판매하는 성과를 거뒀고요.

이처럼 개인화되고 세분화된 소비자의 취향은 '국민 브랜드', '국민 영화'가 생겨나기 어려운 시장을 만들어냈지만, 그 덕에 '동네 맛집'이나 '나만 알고 싶은 내 취향 공간' 같은 작은 성공들이 많아지고 있습니다. 굳이 애써 본인의 시간을 투자하여 취향에 맞는 공간을 찾아다니는 것이 취미가 되기도 합니다. 일상의 피로를 해소하기도 하고 온라인에서 채울 수 없는 감성과 오감을 통한 경험을 체험하기 위해 오프라인 공간을 찾아가는 것입니다.

모두가 온라인에 매진할 때 오프라인에 투자하는 브랜드가 생기는 이유도 이와 같습니다. 오프라인 공간을 통해 어디에서도 경험할 수 없는 것을 경험하게 하여, 끌리는 브랜드로 만들고 소비자와 소통하는 창구로 활용하여, 브랜드의 철학과 스토리를 전달하는 것입니다. 백 번 눈으로 보는 것보다 한 번 만진 손끝에서 느껴지는 실체감이 더 강력하게 메시지를 전달할 수 있기 때문입니다.

그러나 한편으로 코로나로 인한 언택트untact 문화는 온라인 시장의 급성장과 온라인을 통해 연결되는 온택트ontact, 그리고 오프라인의 디지털화를 앞당겼습니다. 온라인 영역이 확장되고 많은 것이 온라인으로 대체되자 첨단 기술로 채워지지 않는 오프라인의 가치가 재평가되기도 하죠. 따라서 온·오프라인 통합 브랜딩을 통해 소비자에게 일관된 경험을 제공하고 각 채널의 장점을 융합한 효율적인 옴니채널omni-channel을 구현하는 것이 가장 중요한 문제입니다.

코로나 이후 '오프라인 공간'에 대한 의미와 사람들이 인식하는 '소비의 공간'은 사뭇 달라졌습니다. '무엇을 사기 위해서' 굳이 외출을 하거나 가게를 방문하지 않아도 되는 것이죠. 그럼에도 사람들은 밖으로 나갑니다. 멀거나 혹은 줄을 서더라도, 꼭 뭘 사기 위해서가 아니라도 사람들은 어딘가로 '기꺼이' 찾아가서 그 공간을 누리고자 합니다. '코로나 시국으로 문 닫는 가게들이 얼마나 많은데?'라고 생각할 수도 있습니다만, '코로나 이전'에도 '코로나 이후'에도 사람들이 찾고 몰리는 공간이 있습니다. 함께 가기도 하고 혼자 가기도 하고, 그곳에 머물고 싶어 합니다. 결국 우리는 고객들의 시간, 즉 지금 '이 공간'에 머물고 싶은 그 마음을 사는 방법을 알아야 합니다.

이 책의 첫 번째 챕터에서는 이처럼 사람들로 하여금 달라진 '공간'에 맞춰 나아가야 할 '공간'의 방향에 대해 다룰 예정입니다. 앞서 설명한 배달문화, 미닝아웃 소비, 구독형 서비스 외에도 다양한 변화를 살펴볼 수 있죠. 사람들의 발길을 이끄는 변화된 공간들의 사례를 구체적으로 알아봅니다.

두 번째 챕터에서는 현재 오프라인에서 펼쳐지고 있는 다채로운 공간들에 대해서 더 자세히 알아봅니다. 실제 국내에서 성공적으로 운영 중인 공간 사례와 이를 통해 내가 운영하고 있는 공간에서 시도해볼 수 있는 실질적인 방법들도 이야기하고 함께 고민해보겠습니다.

part 1.

괜찮았던 것이 괜찮지 않아진 세상

인간은 사회적 동물이면서, 상황에 빠르게 적응할 줄 아는 '적응의 동물'입니다. 코로나 시국이 2년 가까이 계속되면서 사람들은 다시 오프라인 공간으로 모여들고 있습니다. 물론, 여전히 우려되는 것들이 있지만 어떻게든 포스트 코로나 시대를 살아가야 하는 우리는 상황에 맞춰 집 밖의 생활을 누릴 필요가 있습니다.

코로나 발생 초기인 2020년에는 벚꽃 축제를 전면 취소하고 통행을 금지했지만 1년이 지난 2021년에는 추첨을 통해 지정된 인원만 참여할 수 있게 그 기준과 방식을 변경한 것도 마찬가지죠. 기약 없이 무조건 모든 야외 활동을 금지할 수 없다는 판단에서 나온 대안일 것입니다.

코로나 시대를 겪은 사람들에게는 지금의 상황이 마치 트라우마처럼 남겨질 것입니다. 벌써 이전에는 상상도 하지 못했던 기준들이 생겨났죠. 마스크를 제대로 쓰지 않은 사람을 멀리하게 되고, 환기가 잘 안 되는 공간에서 오래 머무르는 것이 불안해지기 시작했습니다. 유난스러운 사람에게만 나타나는 증상은 아닐 것입니다.

오프라인 매장을 코로나 이전과 똑같은 환경으로 계속 운영하고자 한다면 변화된 소비자의 기준에 미치지 못할 것이고, 결국 소비자에게 외면받는 공간이 될 것입니다. 이렇게 달라진 상황 속에서 '사람들이 기꺼이 머무르고 싶어하는' 오프라인 공간을 어떻게 만들 수 있을지, 혹은 현재 운영 중인 공간을 어떻게 변화시킬 수 있을지 지금부터 그 방법을 알아보겠습니다.

1.

그럼에도
오프라인 공간은
필요하다

물리적 거리는 멀게, 마음의 거리는 가깝게

작은 규모의 허름한 노포老鋪를 좋아하시나요? 그
동안 이런 가게들은 경제 상황이나 계절의 영향을 크게 받지 않고
운영할 수 있었습니다. 단골손님들은 작은 간이 의자와 좁은 테이
블, 비좁은 동선의 불편함에도 불구하고 오히려 그런 매력에 노포
를 찾곤 했으니까요. 그런데… 지금도 여전히 그럴까요?

전염병에 대한 전례 없는 공포는 타인에 대한 공포로 이어졌
습니다. 낯선 사람과 어깨를 부딪히며 걷는 것조차 불쾌하게 느껴
질 만큼 타인에 대한 경계심이 높아지는가 하면, 한편으로는 이런
사람들을 유난스럽게 생각하는 사람들도 생겨났습니다. 즉, 타인
에 대한 경계심의 간극이 커지는 상황이 된 것이죠.

정부에서 지정하는 '사회적 거리두기'의 단계만큼 중요한 것

은 사람들이 느끼는 '심리적 거리'입니다. '사회적 거리두기' 단계가 격상되었을 때에는 기준에 맞게 매장 레이아웃을 변경하고 인원수를 제한하는 등 상황에 따라 방문한 사람들이 안심할 수 있도록 하면서 효율성을 최대한 높일 수 있는 방식으로 매장을 운영하면 됩니다. 물리적인 거리는 이렇듯 숫자로 표현되어 기준이 명확하지만 사람들이 생각하는 '안심할 수 있는 마음'의 거리는 개인마다 차이가 있어 정확하게 수치로 표현하기 힘들죠. 그래서 물리적 거리와 심리적 거리를 모두 고려하여 매장을 운영해야 하는 어려움이 있습니다.

길어진 코로나 상황으로 물리적 거리와 마음의 거리 모두가 이전보다 멀어졌고, 이제는 이 거리감이 익숙해지고 있습니다. 더불어, 공간을 운영함에 있어서도 이 거리감이 새로운 기준으로 자리 잡게 되었습니다.

그때 그때 변하는 새로운 기준에 맞게 매장의 레이아웃 변경이 필요한 경우, 가구의 형태는 상황에 따라 좌석 배치에 변화를 줄 수 있는 모듈module 형이 좋습니다. 모듈형의 가구는 '테트리스 게임'처럼 조각 모음이 가능하여, 헤치고 모이는 것이 쉬운 형태의 가구를 생각하면 됩니다.

작은 매장의 경우, 레이아웃 변경이 불가능한 테이블 세트나 6인 이상이 사용하는 테이블, 또는 벤치형 의자나 3~4인용 소파와 같이 덩어리가 큰 가구는 사용하지 않는 것이 좋습니다. 일시

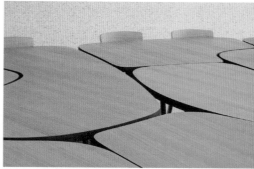

레이아웃을 자유자재로 바꿀 수 있는 모듈형 테이블.

적으로 배치를 바꾸거나 전체적으로 매장의 레이아웃을 바꿔서
공간에 변화를 줄 때 어려움이 있기 때문이죠.

　이처럼 테이블과 의자의 조합이 자유롭고 이동이 용이한 형
태의 가구로 매장을 구성하게 되면 코로나 상황에 대처하는 것뿐
아니라, 크게 인테리어 공사를 하지 않고도 레이아웃 변경만으로
매장 내부 분위기에 변화를 줄 수도 있습니다.

다만, 가구의 형태가 각기 다르게 구성되면 시선이 분산되어 산만한 느낌이 들 수도 있습니다. 그럴 땐 전체적인 컬러를 모노톤으로 매치하고 액세서리나 가방 등에 포인트를 주는 옷 코디처럼 가구의 형태, 소재, 컬러로 일정 부분 통일감을 유지하고 한두 군데 포인트를 주는 것이 좋습니다.

또한 안정적인 공간을 구성할 때에는 전체 공간 안에서 무게중심이 되는 위치를 정하고, 그곳에 공간의 콘셉트를 나타낼 수 있는 포인트 요소인 가구나 오브제 등을 우선 배치하는 것이 좋습니다. 그리고 나머지 공간은 전체적인 콘셉트와 톤앤매너를 유지하면서 힘을 빼는 방식이 좋습니다. 이렇게 하면 규모와 상관없이 안정적으로 공간을 구성할 수 있습니다. 이렇게 무게중심으로 주 동선이 만들어지면, 상황에 따라 레이아웃을 바꿀 때 기준이 될 수 있고, 동선 자체로 공간의 특성도 표현할 수 있습니다.

요즘 카페에서 쉽게 볼 수 있는 스툴stool 형태의 의자나 테이블도 그 자체로 공간의 디자인적 요소이면서, 공간을 다양하게 활용할 수 있는 아이템입니다. 부피가 크지 않고 이동이 용이하여 작은 매장을 구성할 때에도 활용도가 높습니다. 동일하거나 비슷한 디자인의 스툴이 군집을 이루고 있는 모습만으로 공간의 디자인적 요소로 활용할 수 있고, 스툴로 테이블 역할을 겸할 수 있어 활용성이 좋은 형태의 가구입니다. 전체적인 공간의 톤을 통일하고 일부에 컬러나 소재로 포인트를 주거나, 다양한 컬러의 스툴이

활용도가 높은 스툴 형태의 의자를 사용한 '테르트르'.

한 공간에 구성되어 있을 경우, 그 자체로 소위 인스타그래머블 instagrammable 한 요소인 동시에 공간 혹은 브랜드의 콘셉트를 표현하는 역할을 할 수도 있습니다.

조금 다른 얘기지만, 코로나로 인해 집에 머무르는 시간이 길어지면서 홈 인테리어에 대한 관심 또한 높아지고 있는데요. 그에 따라 편안한 의자나 디자인 소파 구매가 많아지는 반면, 최근 오픈하는 카페에서는 갈수록 불편한 의자와 테이블이 많아지고 있습니다. 앞서 언급한 스툴 형태의 의자나 테이블이 그렇습니다. 우스갯소리로 요즘 핫한 카페에 가면 손님들이 모두 상체를 숙이고 엎드린 채로 케이크를 먹고 커피를 마셔야 한다고들 하죠.

왜 그런 걸까요? 이에 대해서는 다양한 의견이 있습니다. 디자인 체어나 스툴의 트렌드 영향도 있을 것이고, 카페의 효율성을 위한 장치로 이런 가구를 이용한 것일 수도 있습니다. 패스트푸드 매장의 의자나 조명의 온도, 음악의 템포처럼 손님들이 오랫동안 머무르기에는 조금 불편한 요소를 넣어 카페의 회전율에 도움이 되도록 한 것이 아닐까 싶습니다.

만약 길이가 긴 벤치형의 가구가 벽면에 고정된 경우라면, 테이블의 사이즈를 작게 줄이고 테이블 간격을 넓히는 것만으로도 동선을 답답하지 않게 사용할 수 있습니다. 작은 규모의 매장에서는 긴 벤치형 소파의 사용을 권하지 않지만 매장에 큰 통유리창이

긴 소파를 창가에 배치해 활용도와 공간의 콘셉트를 동시에 잡은 '카페진정성' 논현점.

있는 경우, 의자의 방향을 창 쪽으로 향하게 하여 공간을 구성하면 작은 매장에서도 충분히 잘 사용할 수 있습니다.

'카페진정성' 논현점의 공간을 한번 보겠습니다. 창 쪽에 긴 소파를 배치하여 시선을 외부로 향하게 두었죠. 조용히 혼자 방문하여 책을 읽거나 긴 시간을 보내는 손님을 위한 공간이라는 목적에 맞게 마주 보는 의자도 놓지 않았습니다. 물론, 매장 내부의 일부 공간에는 일반적인 높이와 형태의 테이블과 의자도 배치해서 필요에 따라 미팅에 편리한 좌석도 만들어놓았습니다. 이렇게 넓은 공간은 낮은 높이의 파티션 형태 가구로 구획을 나누면 답답해

등받이 없는 벤치형 의자를 사용한 카페 '묵리459'(좌)와 '카페진정성' 하성본점(우).

보이지 않으면서 넓은 공간이 주는 산만함을 줄일 수 있고, 구획마다 콘셉트나 용도를 다르게 사용할 수도 있습니다.

또한 등받이가 없는 벤치형 의자는 스툴처럼 그 자체로 테이블이 되기도 해서 공간의 형태나 규모에 따라 효율성이 달라지는 가구라 할 수 있습니다. 뷰가 좋은 공간에서 카페를 운영하는 경우에는 공간 내부보다 외부로 시선을 돌리는 것이 좋은데, 등받이가 없는 벤치나 스툴을 유리창 앞에 일렬로 배치하면 자연스레 동선을 유도할 수 있습니다. 단, 길이가 너무 긴 벤치의 경우에는 이

동할 때 다른 손님과 부딪히거나 먼 거리를 돌아서 이동해야 하는 불편함이 생길 수 있어 공간에 따라 길이나 디자인, 배치 등을 세심하게 점검해야 합니다.

코로나 초기에 해외에서 챙이 긴 모자로 거리 두기를 한 채, 노천카페에서 커피를 마시거나 투명한 비닐 막으로 둘러싼 좌석에서 식사를 하는 사람들의 모습이 뉴스에 다뤄지기도 했었죠.

야외 좌석을 유리 돔 형태로 만든 '그린그라스 풍경'은 외부 공간을 특색있게 활용하여 '거리 두기 카페'로 이슈가 되었습니다. 넓은 야외 공간을 활용하여 초기에는 테이블 사이 거리를 넓히는 정도로 홍보하였는데, 글라스 룸으로 좀 더 강화된 거리 두기를 시행하면서 홍보하지 않아도 사람들이 찾아오는 곳이 되었습니다. 아마도 코로나 상황이라는 점이 맞물려 안심하고 방문할 수 있는 공간으로 인식되었던 것 같습니다.

이처럼 야외 공간을 남는 자리에 테이블 몇 개 가져다 놓은 '자투리 공간'으로 활용하는 것이 아니라, 타인과의 일정 거리 유지를 원하는 손님을 위해 '프라이빗한' 별채 공간으로 활용하면 아기나 애견과 함께 온 손님, 가족 단위나 소규모 모임 등을 위해 방문한 손님에게 맞춤 서비스를 제공할 수 있습니다.

야외 좌석에서 식사를 하거나 카페를 이용할 경우에는 미세먼지나 눈, 비 같은 날씨의 영향을 받을 수도 있고, 통행하는 차량의 먼지와 행인의 시선 등 불편함이 있지만 이렇게 지붕이나 가림

막이 있는 발전된 형태의 외부 테라스 좌석은 야외 공간의 단점을 보완해줍니다. 그리고 유리나 천으로 만들어진 부스나 텐트 등에는 냉난방 시설을 상황에 맞게 보완하면 계절적인 영향을 덜 받으면서 사용할 수도 있습니다.

불특정 다수가 모이는 오프라인 공간에 대한 불안감은 누군가의 말로 해소되지 않습니다. 각자 느끼는 것도 달라 개개인 모두에게 맞출 수도 없는 일이죠. 공간 안에 최대한 많은 테이블을 채우거나 상품 진열대 사이 동선이 좁을 경우, 타인과의 접촉은 늘어날 수밖에 없습니다. 이는 매장을 찾는 손님의 불안 요소로 작용하게 됩니다. 심리적 안정감을 주는 120cm의 거리가 이젠 방역수칙에 적용되는 기준이 되었습니다. 이런 상황에서는 평균적인 기준보다 조금 더 기준치를 높여 서비스를 제공하는 것이 좋습니다.

내가 괜찮다고 해서 손님도 괜찮은 것은 아닙니다. 판단은 소비자가 하는 것이고 불안한 상황에서도 오프라인 공간으로 찾아와준 손님에게 최선을 다해 불안감을 느끼지 않고 공간에 머무를 수 있도록 해야 합니다.

조금의 유난스러움이 필요한 시기입니다.

글라스 룸으로 콘셉트를 강화한 카페 '그린그라스 풍경'.

가장 예민한 사람을
기준으로 한다

요즘은 오프라인 매장의 서비스가 체크인 과정부터 시작된다고 해도 무방할 정도입니다. 관공서나 은행, 병원 등에서나 요구하던 개인정보를 이제는 오프라인 매장 입구나 주문을 위한 카운터에서 하루에도 몇 번씩 제공해야 하죠. 휴대폰이 없으면 QR 체크인을 할 수 없고, 신분증이 없으면 수기 명부 작성을 해도 출입이 불가능하여 이제 오프라인 매장은 입장부터 까다로운 시대가 되었습니다. 이런 상황은 손님과 업주, 근무하는 스태프 모두에게 이전과는 다른 수고스러움을 만들었습니다.

실제 〈아시아경제〉의 한 조사에 따르면 아르바이트생 45.7%가 코로나 이후 마스크 착용 안내, QR 체크인 혹은 출입 명부 작성 안내 등에 의한 업무 스트레스가 가중되고, 특히 마스크 착용 안내는 범죄로 이어지는 경우도 많아서 이로 인한 불안감이 크다고 호소하기도 했습니다.

코로나 상황이 길어지면서 카카오의 'QR 체크인 쉐이크' 기능이나 KT의 '콜 체크인'과 '문자 체크인' 등 매장을 방문하는 데 불편함을 조금이라도 줄이면서 안전하고 빠르게 입장할 수 있는 체크인 간소화 서비스도 개발되고 있습니다.

이러한 QR 체크인과 체온 측정기, 손 소독제 등 방역과 관련된 기기들은 매장 입구에 비치하고 최대한 한 번에 처리할 수 있도록 하는 것을 추천합니다. 간혹 매장 안쪽 카운터에서, 혹은 자리에 앉아 주문 시 진행하는 경우도 있는데, 이는 절차들의 목적을 생각해보면 순서가 바뀐 것입니다. 외부 출입문을 만지고 들어와 공간을 본격적으로 사용하기 전에 손 소독을 먼저 해야 공간 안 제품이나 집기, 비품 등 여러 사람이 만지는 곳의 오염을 줄일 수 있습니다.

"코로나로 인해 제품을 직접 만지는 것을 금지합니다."

이런 문구를 많이들 보셨을 겁니다. 오프라인 공간을 방문한다는 것은 직접 만지고 느끼기 위함인데 제품을 직접 만지는 것을 아예 금지하는 것은 좋지 않은 방식이라고 생각합니다. 손 소독제를 사용하고 제품을 만져보게 하되, 손을 제외한 신체에 여러 사람이 사용하는 테스트 제품이 닿는 것은 제한하는 것이 좋습니다.

코로나 초기에 손 소독제를 시럽으로 착각해 커피에 넣었다거나 실수로 마시게 되었다는 웃지 못할 해프닝을 뉴스에서 본 적이 있습니다. 코로나 이전, 카페에서 펌프형 용기에 담긴 것은 시럽밖에 없었기 때문에 충분히 착각할 수 있는 부분입니다. 펌프형의 손 소독제는 자세히 보지 않으면 착각하기 쉬워 매장 내에 비치할 경우 띠지나 스티커를 제작해 부착하거나 별도의 표기를 해주는 것이 좋습니다.

공간의 일부인 QR 체크인 기기와 체온 측정기, 손 소독제.

Partr 1. 괜찮았던 것이 괜찮지 않아진 세상

그리고 간혹 양 조절이 일정하게 되지 않아 많은 양의 소독제가 펌핑될 경우에 눈이나 입 등에 들어가는 사고가 발생하기도 하여 손 소독제 전용 거치대를 사용하거나 일반적인 탁자 높이인 700~800mm보다 높은 곳은 피하고, 어린이의 손이 직접 닿지 않게 하는 등 사용상 주의사항에 대해 고지하는 것이 좋습니다. 덧붙여 손 소독제는 매장 입구뿐 아니라 주요 동선에 반복적으로 비치하여 많은 사람이 사용할 수 있도록 하는 것이 좋습니다.

때로는 위생을 위한 행동이 손님에게 불쾌감을 주기도 합니다. 카페나 식당에서 옆자리 손님이 나간 후 직원이 스프레이형 소독제로 테이블을 닦는 경우를 많이 보셨을 겁니다. 스프레이형으로 소독제가 분사될 때 공기를 통해 매장 안 일정 거리에서는 영향을 받게 되는데, 바로 옆 혹은 뒷자리라면 그 영향이 더욱 클 수밖에 없습니다. 마스크를 벗고 음료나 음식을 먹는 매장에서는 손님의 테이블을 닦거나 소독할 때 스프레이형보다 펌프형 제품을 사용하고, 알코올 냄새가 강한 제품 역시 피하는 것이 좋습니다. 특히 작은 공간에서는 공기의 확산이 빠르게 되므로 스프레이형 제품을 사용할 경우 특별한 주의가 필요합니다.

마스크에 대한 불편함도 상당합니다. 일상생활에 필수품이 된 마스크는 식당이나 카페에서 음식을 먹을 때 처치 곤란인 경우가 많죠. 가방이나 주머니에 넣지 않으면 테이블이나 좌석에 올려

놓거나 손목에 걸어두게 되는데, 오염된 마스크를 손으로 만지고 다시 매장의 집기나 비품을 만지는 상황을 방지하기 위해 테이블이나 칸막이에 작은 고리를 부착하거나 마스크를 보관할 수 있는 봉투를 제공하는 등 섬세한 서비스가 필요합니다.

그리고 음식을 포장할 수 있게 진열하여 셀프 서비스로 판매하는 경우에는 외부 환경에 직접적으로 음식이 노출되는 것을 피해야 합니다. 이는 비단 코로나 상황에만 적용되는 것은 아니죠. 카페에서 베이커리류는 대부분 주문을 하는 카운터 주변에 위치하는데 매장 내에 카운터는 사람이 가장 많이 오가는 공간이기 때문에 먼지가 많이 발생할 수밖에 없습니다. 매장이 대로변에 있고 출입구와 카운터의 위치가 가까워서 출입문이 열릴 때마다 외부 먼지가 내부로 들어온다면 거의 대로변에 음식물이 놓여 있는 상황이라고 볼 수도 있습니다.

디저트 카페나 베이커리에서 빵이나 디저트류를 진열할 때에는 뚜껑이 있는 트레이나 손잡이가 있는 쇼케이스에 제품을 보관하고 손님이 직접 꺼낼 수 있게끔 하거나 제품을 개별 포장하는 것이 좋습니다. 단, 개별 포장을 할 경우에는 비닐류의 포장지가 발생하는 단점이 있어 추천하지는 않습니다. 쇼케이스는 완전 개폐가 가능한 형태로 제작하여 트레이와 집게를 든 상태에서 제품을 꺼내는 것에 어려움이 없어야 하고, 기존 진열대를 활용할 경우 분리형 뚜껑은 과정이 복잡하고 뚜껑을 놓는 공간이 별도로 필요하므로 슬라이드형 덮개를 사용할 것을 추천합니다. 매장 구조

빵을 쇼케이스에 보관하거나 개별 포장해 진열하면 매장이 전체적으로 정돈되고 깔끔해보인다.

매장의 콘셉트와 어울리는 쇼케이스는 위생 효과뿐 아니라 공간의 무드를 표현하는 인테리어 요소로 사용되어 매장을 찾은 사람들에게 특별한 여운으로 남는다.

상 많은 집기를 두는 것이 불가능한 경우에는 메뉴의 샘플만 외부에 노출하고 제품은 별도의 밀폐된 공간에 보관하여 손님이 주문시 제품을 주방에서 꺼내 제공하는 방법도 있습니다.

코로나 시대를 지나며 우리는 손 씻기만 잘해도 감기에 걸리지 않는다는 것을 알게 되었고, 반추해보면 이전에 그다지 위생적이지 않았다는 반성도 하게 되었습니다. 위생과 안전에 대한 욕구는 코로나로 인해 더욱 커졌고, 이렇게 높아진 욕구는 코로나가 종식된 이후에도 소폭 하향할 순 있겠지만 어느 정도 수준에서 유지될 것으로 보입니다. 코로나 이후에도 조금은 까다롭고 높은 위생관리 수준을 유지하는 매장은 이런 소비자의 니즈를 충족시킬 수 있어 안심하고 찾아오는 매장으로 인식될 것입니다. 이 또한 하나의 마케팅요소가 될 수도 있죠.

사회적 거리두기 단계가 격상하여 식당을 제외한 곳에서는 취식이 금지되었던 시기가 지나고 거리두기 완화 조치로 카페 내에서 취식이 가능해질 무렵, SNS에는 방역작업을 인증하는 사진과 함께 안심하고 방문해도 된다는 글이 올라오기 시작했습니다. 손님맞이를 준비하는 새로운 모습이었죠. 불특정 다수가 모이는 공간에 대한 불안감을 조금이나마 해소될 수 있는 방법은 이렇듯 정보의 투명성이라 생각합니다. 매장의 위생관리를 철저히 하고 내가 머무는 공간이 얼마나 깨끗한지, 내가 먹는 음식이 어디에서 왔는지 등 알 권리를 보장하여 손님과의 신뢰를 쌓아야 합니다.

여러 가지 이유로 점차 현금 결제가 불가능한 매장이 늘어나고 있는데 위생적인 측면에서도 환영할 만한 변화입니다. 특히 카페나 음식점에서는 계산을 하거나 손님과의 접촉이 많은 스태프를 구분하고, 카드 결제 시 손님이 직접 카드리더기를 사용할 수 있도록 안내하는 것이 좋습니다. 또한 종이 영수증의 사용을 최소화하여 직접적인 접촉을 줄일 필요가 있습니다. 종이 영수증의 경우 환경호르몬 노출, 종이 폐기물 처리 문제와 더불어 개인정보 유출이라는 단점이 있어 점차 전자 영수증으로 전환되고 있으며, 과학기술정보통신부는 민간기업과 협업을 통해 '통합 전자 영수증 플랫폼' 구축을 진행 중입니다. 이런 기술이 보급되면 최대한 빠르게 매장에 적용하여 위생과 환경 이슈에 대응하면 좋겠습니다.

그리고 작은 규모의 음식점은 조리 시설이 매장 안에 위치하여 연기가 빠르게 배출되지 않아 눈이 따갑고 옷이나 머리카락에 냄새가 배는 경우가 생길 수 있어 자연 환기와 환기 시스템을 통해 빠르게 매장 내부의 연기를 배출하도록 해야 합니다. 이런 부분이 잘 지켜지지 않으면 음식 맛이 좋고 친절한 서비스를 받더라도 빨리 벗어나고 싶은 마음이 생기는 매장으로 기억될 수 있습니다.

여러 번 언급했듯이 후각적인 요소는 구매에 직접적인 영향을 미칠 수 있습니다. 특히 여성이 타깃인 매장의 경우라면 화장실은 물론이고 매장 내에 풍기는 향기도 관리해야 합니다. 이를 위해서는 기본적으로 매장 내에 정화조 냄새나 하수구 냄새 등 불쾌감을 주는 요소가 없어야 하고, 어쩔 수 없이 매장 내에 화장실이 있는 경우에는 더욱 냄새에 민감하게 대응하여 청결을 유지해야 합니다.

'가장 예민한 사람을 기준으로 하라'는 이야기를 한 적이 있습니다. 감각기관과 관련된 부분은 수치화된 기준을 세우기 어렵기 때문에 '가장 예민한 사람을 기준'으로 세팅하는 것이 좋습니다. 위생과 관련된 부분도 마찬가지입니다. '깨끗하다', '더럽다'라고 느끼는 기준 역시 어느 정도 일치하는 평균적인 기준은 있겠지만, 수치화할 수 없는 부분입니다.

그렇기 때문에 기본적으로 매장에서는 방문자 명부 작성 혹은 체크인을 정확히 하고, 정기적으로 환기를 하며, 손님들이 많이 만지는 문 손잡이나 화장실 내부는 수시로 닦고 청소를 하는 등 위생과 방역 관리를 철저히 해야 매장을 방문하는 손님들이 안심하고 공간을 이용할 수 있습니다.

도심 한복판,
재활용으로 지어진 화장품 가게

'이 많은 일회용품과 포장재는 어떻게 되는 거지?'

'분리수거를 하면 재활용은 제대로 될까?'

'내가 버린 마스크는 어떻게 처리되지?'

코로나 사태로 집에 있는 시간이 늘어나다 보니, 배달 음식 주문과 택배량이 많아지게 되었습니다. 세상 편리하다고 생각하는 동시에 마음 한쪽에는 불편함을 느끼셨을 분들이 아마 많을 겁니다. 내가 사용하는 일회용품의 양이 전보다 확연하게 늘어나면서, 매주 분리수거를 할 때마다 더욱 생생하게 '환경'에 대한 죄책감을 느끼셨을 테니 말이죠.

게다가 전 세계 사람들이 매일 사용하고 버리는 마스크는 벌써 해양 동물의 목에 걸려 그들의 생명을 위협하고 있습니다. 해파리처럼 바다를 떠도는 마스크 사진을 보도 사진으로 접하기도 했죠. 코로나 이후 채 2년도 되지 않은 지금, 환경에 직접적인 피해가 생기고 있다는 걸 증명한 셈입니다. 인간의 삶을 지키기 위한 마스크가 환경을 해치고 다시 인간에게 영향을 미치는 아이러니한 상황이 된 것입니다.

이런 상황이 이어지자 세계 각국에서 폐마스크를 재활용하는 기술을 개발하기 시작했고, 2019년 프랑스 기업 '플락스틸'에서는 플라스틱과 유사한 소재로 재활용이 가능하도록 하여 폐마스크를 플라스틱 얼굴 가리개 같은 방역용품으로 생산하고 있습니다.

"Don't Buy This Jacket(이 재킷을 사지 마세요)."

의류 브랜드 '파타고니아'는 환경 위기에 대한 메시지를 〈뉴욕타임스〉에 실은 후 아이러니하게도 매출이 성장했습니다. 그들은 이미 친환경 기업으로 인식되어 있었기 때문에 이들이 광고를 통해 이야기하고자 하는 것을 소비자들은 별다른 부연 설명 없이 이해할 수 있었던 것이죠. 브랜드의 이러한 행보는 오히려 이들을 더 믿을 만한 기업으로 알립니다.

파타고니아는 이미 20년 전부터 지구를 되살리기 위한 캠페인을 하며, 새 옷을 만들 때 발생하는 탄소 배출량과 폐기물, 물의 사용량을 줄이기 위해 재생 가능한 소재로 옷을 만들고, 공정 무역 봉제 비율을 높이고 있었습니다. 그들은 글로벌 캠페인과 제작

환경 위기에 대한 메시지를
끊임없이 전하는 의류 브랜
드 '파타고니아'.

과정을 오픈하는 방법을 통해 더 많은 기업의 참여와 소비자들의
인식 개선을 위해 힘쓰고 있는데, 이는 만드는 사람과 사용하는
사람 모두의 이해와 참여가 없다면 불가능한 일입니다.

이렇듯 오랜 시간 파타고니아가 보여준 꾸준함과 실천력은
소비자에게 신뢰를 얻게 되었고, 그 결과 이들은 선한 영향력을
미치는 진정성 있는 브랜드로서 자리 잡게 된 것입니다.

얼마 전 온라인 쇼핑몰에서 '친환경 소재'라는 문구를 보고 상품 설명을 꼼꼼히 살펴본 적이 있는데, 제품은 친환경과 거리가 멀었고 배송에 사용하는 택배 상자가 재활용 소재로 만들어졌다는 설명이 길게 강조되어 있어 의아했던 적이 있습니다. 몇 번을 봐도 이 제품에는 '친환경'이라는 단어가 적합해 보이지 않았는데 검색에 잘 걸리도록 만든 제목임을 확인하고는 불쾌함을 느꼈습니다. 그나마 택배 박스라도 재활용 소재를 사용했기 때문에 '친환경'이라 표기할 수 있지 않냐고 한다면, 상품 제목이 아니라 상세 설명에 '친환경 포장재를 사용합니다.' 정도로 표기하는 것이 맞다고 생각합니다.

요즘 '친환경 ○○', '생분해 ○○'이라는 광고 문구를 많이들 접하실 겁니다. 그러나 막상 클릭해보면 제품의 공정이나 소재에 적용되지 않았거나 아주 일부만 적용했는데도 마치 전체가 친환경인 것처럼 포장하는 경우가 많습니다. 이른바 그린워싱greenwashing을 하는 거죠. 이는 명백히 소비자를 기만하는 행위입니다. 기업의 사회적 책임이나 기업의 환경적 책임이 더 이상 특별한 마케팅 '거리'가 아닌 기본인 시대가 왔습니다. 진정성 없는 마케팅 요소로서 보여주기식 친환경을 주장하는 것보다는 환경 보호와 관련된 제품이 아니라면 아무것도 내세우지 않는 편이 오히려 낫습니다.

이처럼 개인의 신념을 표현하는 미닝아웃 소비가 늘어나면서 환경 오염을 줄이기 위해 할 수 있는 것들을 조금이라도 생활 속에서 실천하고자 하는 사람들이 늘었습니다. SNS를 통해 확대된 '제로 웨이스트zero waste' 운동으로 전국 각지에 '제로 웨이스트 숍'이 생겨났고, 점차 기업에서도 친환경 포장재나 제품, 서비스 등을 제공하기 시작했습니다. 제로 웨이스트 국제 연맹ZWIA은 이러한 '제로 웨이스트'에 대해 '제품의 포장 및 자재를 태우지 않고, 환경이나 인간의 건강을 위협하는 방식으로 배출하지 않으며, 책임 있는 생산, 소비, 재사용 및 회수를 통해 모든 자원을 보존하는 것'이라고 정의했습니다. 이는 재활용에 중점을 두는 것이 아닙니다. 불필요한 소비를 줄이고 쓰레기를 최소한으로 배출하는 생활방식으로의 전환을 말합니다. 태국의 한 마트에서는 플라스틱과 비닐 사용량을 줄이기 위해 바나나 잎과 대나무 끈을 사용하여 채소를 포장한다고 합니다. 우리나라도 경각심을 가지고 일상 속 작은 부분부터 환경을 생각해 바꿔나가야 하겠습니다.

매장 인테리어 마감재의 70%를 재활용 소재로 사용한 '이니스프리 공병공간점'은 최근 공간 리뉴얼을 통해 보다 직관적으로 자원순환의 가치에 대한 메시지를 전달하고 있습니다. 공병을 세분화하여 수거한 후, 파쇄하고 가공하여 업사이클링upcycling 되는 과정을 한눈에 볼 수 있도록 했습니다. 또한 환경과 관련된 강연이나 제로 웨이스트 브랜드의 팝업 스토어를 운영하고, 직접 체험할 수 있는 원데이클래스와 유통기한이 지난 색조 제품을 활용한

환경 보호와 관련된 다양한 활동을 이어가고 있는 '이니스프리 공병공간점'.

아트 드로잉 등 지속가능성을 주제로 한 다양한 프로그램을 진행하고 있습니다.

이처럼 친환경을 실천한 공간을 만들어 그 안에서 지구 환경에 대한 지속적인 캠페인을 하고, 업사이클링 된 제품을 만드는 등 적극적인 ESG 경영('Environment Social Governance'의 머리글자를 딴 단어로 기업 활동에 친환경, 사회적 책임 경영, 지배구조 개선 등 투명 경영을 고려해야 지속 가능한 발전을 할 수 있다는 철학)을 실천하여 보다 많은 사람들에게 지구 환경에 대한 메시지를 전달하는 것은 변화한 요즘 소비자에 대응하는 기업의 의무이자 책임인 것입니다.

친환경에서 더 나아가 '필⼦환경' 시대인 요즘, 제품을 구매할 때 환경을 먼저 생각하는 '그린슈머greensumer'를 위한 공간이 많아지고 있습니다. 친환경 제품이나 리필 제품이 저렴할 것이라는 기대를 하고 방문한다면 실망할 수도 있습니다. 환경을 생각하는 소비자들은 자발적으로 불편을 감수하고, 때론 더 많은 비용을 지불하면서 환경을 지키는 방향으로 결정하고 행동하는 것입니다.

서울숲에 위치한 제로 웨이스트 숍 '더피커'는 제로 웨이스트 라이프스타일 플랫폼 브랜드의 오프라인 매장입니다. 소비자가 직접 용기를 가져가서 필요한 식재료나 제품을 포장 없이 구매하는 방식으로 운영되고, 포장에 필요한 쇼핑백, 택배 박스, 유리병 등은 기부를 받아 재사용하고 있습니다. 매장에서 판매하는 제품 역시 생산, 유통 단계에서 친환경적인 과정을 거치는지 고려하여 선정하고 판매한다고 합니다.

포장지를 걷어내고 알맹이만 판매하는 망원동의 '알맹상점'도 있습니다. 이곳은 빈 용기를 가져가서 제품을 리필하여 구매할 수 있는 '리필 스테이션'으로 매장을 구성한 인테리어 과정부터 중고 집기를 구매하여 사용한 제로 웨이스트 숍입니다. 이곳에서는 사용하지 않는 물건을 공유하는 '알맹상점 공유센터'도 운영하고 있는데, 제품 판매와 함께 자원순환에 대한 가치를 알리는 작업을 하고 홈페이지에서는 전국의 제로 웨이스트 숍 지도를 공유하는 등 가치 소비를 실천할 수 있는 방법들을 공유하고 있습니다.

이렇듯 현실적으로 환경 오염을 줄이기 위해 가장 먼저 해야

제로 웨이스트를 지향하며 포장지 없는 제품들을 팔고 있는 '더피커'(좌)와 '알맹상점'(우).

할 것은 포장재 사용을 최소화하는 것입니다. 소비자에게 제공하는 포장재에 비닐과 플라스틱의 비율이 어느 정도인지, 다른 소재로 대체할 수 있는지, 반드시 제공해야 하는지 등을 점검하여 불필요한 과정을 없애고 대체할 수 있는 소재는 대체하여 사용하려는 노력이 필요합니다.

소비자에게 제공하는 포장재, 패키지, 쇼핑백 등을 친환경 소재로 제작하거나, 포장재를 다른 용도로 재사용이 가능하게 만드는 것, 그리고 분리수거가 용이하게 패키지를 만들고 이를 적극적으로 알리는 것이 중요합니다. 본인이 착한 소비에 참여하고 있음을 알게 된 소비자는 만족감을 경험하게 되고, 이 만족감은 이후에 또 다른 착한 소비로 연결되며 선순환이 이뤄질 것입니다.

"고양이 집을 샀더니 TV가 왔어요!"

삼성전자는 TV 포장재를 업사이클링하여 사용할 수 있는 '에코 패키지eco package'를 개발해 'CES(세계가전전시회) 2020', 'iF 디자인 어워드 2021(International Forum Design Award 2021)' 등을 수상했습니다. 에코 패키지를 통해서는 수납함부터 잡지꽂이, 반려동물 용품까지 다양한 물건을 만들어볼 수 있습니다. 버려지는 골판지 박스를 줄여 온실가스를 절감하겠다는 목표로 제작해 올해(2021년)부터 적용 제품을 확장한다고 합니다.

삼성전자는 영국 디자인 전문 매체 '디진Dezeen'과 협업하여 에코 패키지 디자인 공모전을 개최하기도 했는데 전 세계 84개국에서 총 1,554개의 작품이 출품되었고, 우승자 선정에 있어 온라인 투표도 병행하여 소비자 참여를 유도하였습니다.

이런 친환경 제품과 관련된 일은 보여주기식 행위로 의미가 퇴색되지 않도록 제품을 구매하는 소비자의 적극적인 참여를 유도해야 합니다. 이를 위해서는 약간의 불편함을 감수할 만한 추가적인 편익을 제공할 필요가 있겠죠. 예를 들어, 카페에서 테이크아웃을 할 때 제공하는 캐리어를 사용 후 매장에 반납하면 금액 할인이나 쿠폰을 제공하는 등의 혜택을 주는 것입니다. 이렇게 하면 소비자 입장에서도 조금의 번거로움을 감수할 만한 이유가 생기고, 운영자 입장에서는 소비자들이 자연스럽게 매장을 재방문할 수 있게 유도하면서 환경 보호도 실천할 수 있게 됩니다.

이번에는 패키지에 대해 조금 다른 접근을 해보면 어떨까요? 브랜드 아이덴티티brand identity를 표현하는 중요한 요소 중 하나인 쇼핑백을 재활용하는 스몰 브랜드들이 늘어나고 있습니다. 한두 번 사용하고 버려지는 쇼핑백을 기부받아 재사용하는 것입니다. 어떤 곳들에서는 기부받은 쇼핑백에 브랜드 로고를 붙이거나 도장을 찍어 제공하기도 하죠. 새 쇼핑백을 원하는 손님에게는 비용을 받고 판매하고, 재활용 쇼핑백을 사용할 경우 무상으로 제공하여 차별점을 두는 것이 좋습니다. 본인이 판매하는 제품과 브랜드의 콘셉트를 고려하여 적용이 가능한 경우 실행해보면 어떨까요?

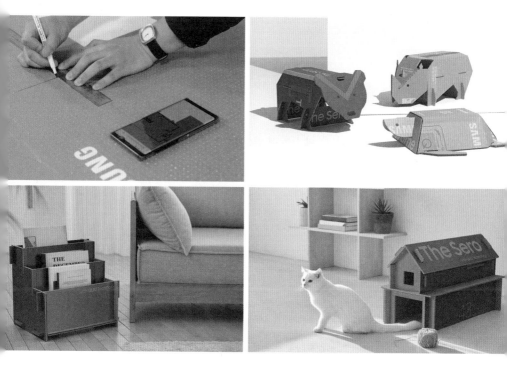

TV 포장재를 업사이클링하여 사용할 수 있는 삼성전자의 '에코 패키지'.

비싸도 제대로 된
나만의 시간을 산다

방역 관리를 위해 일정 규모 내에서 수용 가능한 인원을 제한하는 방침이 실행되면서 일반 매장이나 쇼룸 등의 상업시설을 방문할 때에도 사전 예약이 필요하게 되었습니다. 이는 타인에 대한 경계와 불안감을 조금이나마 낮춰주는 역할을 합니다. 이전에는 기념일이나 연말 모임처럼 다수의 인원이 동석해야 하는 경우에만 예약을 했지만, 요즘은 100% 사전 예약제로 운영되는 매장이 많아지고 있어서 예약 문화는 어느새 일상이 되었죠. 조금 더 비싼 값을 지불하더라도 프라이빗하게, 안전이 보장되는 믿을 만한 사람들과 소규모 모임을 하고자 하는 사람들이 늘어난 것입니다.

여러분은 가장 최근에 영화를 어디서 보셨나요? 예전 같았으면 대부분의 사람들이 당연히 '영화관'이라고 대답했겠지만, 요즘은 상황이 많이 달라졌습니다. 스트리밍 시대에 걸맞게 집에서, 혹은 이동 중에 휴대폰이나 노트북으로 영화나 드라마를 즐기는 사람들이 많아졌기 때문이죠. 글로벌 스트리밍 서비스 '넷플릭스'의 가입자 수는 2억 800만 명을 넘었고, 일부 영화들은 영화관과 넷플릭스를 포함한 글로벌 OTTOver The Top에서 동시 개봉하거나 OTT에서만 개봉하기도 합니다. 집합 금지로 영화관을 찾기 힘든 상황과 맞물려 영화 산업도 급격히 변화하고 있습니다.

이로써 영화 콘텐츠 자체를 즐기는 사람은 집에서 OTT 서비스를 이용하거나 영화 장르에 따라 아이맥스IMAX 관, 돌비 애트모스Dolby Atmos 관, 4D 관 등 특화된 극장을 이용하는 반면, 영화관이라는 공간은 콘텐츠를 소비하기보다는 데이트를 하거나 친구를 만나는 공간으로 소비되고 있다는 것을 확인하게 되었습니다.

영화뿐 아니라 좋아하는 가수의 콘서트도 내가 원하는 시간, 원하는 장소에서 자유자재로 스트리밍하는 시대에 스트리밍을 위한 공간을 판매하는 곳이 있습니다. 프라이빗 파티룸과 최신 기술로 진화한 DVD룸의 중간쯤 되는 성격을 가진 프라이빗 시네마 'VOD SUITE'입니다. 극장에서 볼 수 없는 OTT 단독 개봉 영화나 스포츠 경기, 가수의 콘서트, 심지어 개인적인 영상까지 콘텐츠 제약 없이 프라이빗룸에서 대형 화면과 풍부한 음향으로 와인과 함께 즐길 수 있는 공간입니다. 혼자, 또는 지인과 함께 프라이빗하게 일정 공간을 내가 원하는 용도로 사용하는 공간대여 서비스를 통해 타인과의 접촉이 불안한 요즘 그나마 안심하고 오프라인 공간에서 시간을 보낼 수 있어 화제가 되고 있습니다.

운영하는 매장의 일부를 프라이빗 스트리밍 공간으로 대여해주거나, 매장 전체를 일정 시간, 요일에 한하여 대관해주며 기존 매장에서 제공하는 서비스의 범위를 확장할 수도 있습니다.

이렇듯 프라이빗한 공간에 대한 수요가 늘어난 요즘의 예약제에 대한 이야기를 지금부터 좀 더 자세히 해보려고 합니다. 대

프라이빗룸에서 제약 없이 콘텐츠를 즐길 수 있는 프라이빗 시네마 'VOD SUITE'의 외관과 내부 모습.

체로 예약제로 운영하는 공간을 방문할 때는 온라인을 통해 목적에 적합한 공간을 찾고 비교하는 예약 준비 단계부터 공간과 브랜드에 대한 정보를 접하게 됩니다. 직접 선택하고 결정하여 방문하는 일련의 과정을 거치면서 자연스럽게 브랜드에 대해 공부하고, 다른 브랜드와 비교도 하게 됩니다. 다시 말해 온라인으로 알아보고 오프라인으로 검증하는 요즘스러운 공간 소비가 이루어지는 것이죠.

주말에 핫한 식당이나 카페에 갔을 때 웨이팅하는 사람들의 눈빛과 분주한 직원들의 움직임이 부담스러워 급하게 나온 경험은

누구나 한 번쯤 있을 것입니다. 내가 지불하는 비용 안에 공간을 소비하는 비용도 포함되어 있지만, 때론 제대로 공간을 경험하지도 못한 채 쫓기듯 나오게 되죠. 한정된 공간 안에 수용 가능한 인원은 테이블과 의자의 개수로 어느 정도 정해져 있으나, 사용할 수 있는 시간은 정해져 있지 않기 때문에 발생하는 일입니다.

그래서 유명 카페나 식당은 주말 이용 고객에 한해서 시간 제한을 두는 경우도 있고, 공간의 특정 위치를 포토스팟으로 만들어, 방문한 사람이라면 누구나 멋진 인증샷을 찍을 수 있게끔 하기도 합니다. 이처럼 공간에 머무는 시간 동안 최대한 공간과 브랜드에 집중하고 즐길 수 있도록 여러 가지 장치가 필요하죠.

별도의 예약 시스템이 없는 경우, 현장에서 웨이팅waiting 어플이나 수기로 작성하는 보드 등을 이용하여 고객을 받게 되는데 이때 웨이팅에 소요되는 시간이나 공간을 사용하는 기본적인 방법 등을 자세히 안내해야 합니다.

최근에 저는 오픈한지 얼마 되지 않았지만 SNS에서 핫한 브런치 카페에 갔던 적이 있습니다. 우여곡절 끝에 약 3시간의 웨이팅을 하고 공간을 이용하였으나 '역시 핫한 데는 이유가 있어!'가 아닌 '여기 다시 오긴 좀 그렇다. 한번 와 본 걸로 된 것 같아.'라는 생각이 들었습니다. 여러 가지 이유가 있었지만 웨이팅 고객이 많다는 이유로 마음이 급해진 운영자의 운영 방식이 가장 큰 이유였습니다. 공간을 방문한 고객들에게 사전에 이용 시간이나 메뉴 주문 등에 대한 가이드를 제시하지 않은 상태에서 무리하게 웨이팅 고객을 받음으로써 공간을 이용하는 사람들이 스태프에게 "웨이팅 고객이 많아서…"라는 말을 수차례 들으며 불편한 마음으로 공간을 경험하게 한 것입니다.

요즘 소비자들은 원하는 곳이라면 기다리는 시간이 길고, 가는 길이 험해도 '굳이' 찾아가는 수고를 마다하지 않습니다. 한 번쯤은 수고스러움을 감수하고 공간을 방문하겠지만 과연 그들에게 2번째, 3번째 방문이 있을까요?

많은 공간이 처음 시작했을 때의 관심과 인기를 오래 유지하지 못합니다. 처음에는 평일에도 긴 웨이팅이 있던 곳이 어느 정도 시간이 지난 후에는 그렇지 않았던 경우를 많이 보았을 것입니다. 인정하기 싫지만 소위 '오픈빨(화제성)'이 끝나고도 사람들이 찾는 공간을 만드는 것이 그만큼 힘들다는 이야기입니다. 공간의 인테리어나 운영자가 그대로인데 왜 더이상 그 공간에는 사람들이 오지 않을까요?

이런 현상은 어느 누구라도 피할 수 없습니다. 일회성 SNS 인증 공간으로 소비되지 않기 위해서는 인테리어나 공간의 무드, 브랜드의 화제성만이 중요한 것이 아닙니다. 콘텐츠 자체의 퀄리티가 뒷받침된 공간이 되어야 합니다. 지금의 반짝인기가 오래갈 것이라는 착각을 해서는 안 됩니다. 많은 사람이 공간을 찾아줄 때 찾아온 손님 하나하나를 소중히 여기고 서비스를 제공해야 합니다.

예약한 소수의 인원만이 공간과 디저트를 즐길 수 있는 '블루보틀 삼청 한옥'.

10명의 손님이 50% 만족하는 공간으로 운영할지, 5명의 손님이 100% 이상 만족하는 공간으로 운영할지 선택이 필요한 것이죠.

예약을 기본으로 하는 원테이블 레스토랑, 오마카세 식당을 찾는 소비자가 늘어나는 이유 중 하나도 프랜차이즈 매장이나 대형 매장에서는 느낄 수 없는 손님과 운영자 간의 유대감 때문이 아닐까 합니다. 맛있는 음식을 파는 식당은 너무나 많지만 나의 식성이나 취향을 반영할 수 있고, 음식을 만든 사람의 설명까지 들을 수 있다면 소통을 통한 유대감이 생겨서 조금 비싼 비용을 지불하더라도 만족도가 높아지게 됩니다. 공간에 머무는 시간 동안 온전히 음식과 스태프를 포함한 공간의 경험에 집중하게 되기 때문이죠.

예약제로 매장을 운영할 경우에는 공간의 규모나 판매하는 제품, 혹은 서비스에 따라 100% 예약제로 운영할 것인지, 일부 당일 방문 손님을 허용할 것인지, 노 쇼no show를 방지하기 위해 예약금을 받거나 반복적인 노 쇼 손님의 경우 차후 예약이 불가능하도록 할 것인지 등의 기준을 정해야 합니다. 식당이나 카페라면 준비된 식자재를 폐기해야 하는 경우가 발생할 수 있어 예약 손님과 워크 인walk-in 손님을 일정 비율로 맞춰서 운영하는 편이 조금 더 효율적입니다.

'블루보틀 삼청 한옥'에서의 경험은 지정된 사이트를 통해 예약을 한 후 방문 전 메뉴를 주문하는 것부터 시작됩니다. 메뉴를 결정하는 과정에서 이미 공간에 들어와 있는 듯한 느낌을 주고, 공간에 대한 기대감을 키워주죠. 좁은 골목 끝에 위치하여 한옥을 찾기 어려워하는 손님들은 블루보틀 카페에서부터 직접 안내를 받을 수 있어서 공간에 들어서기 전부터 충분한 배려를 받고 있다고 느낄 수 있습니다. 이런 만족감은 공간을 긍정적으로 바라보게 합니다.

정해진 인원이 채워지면 입구 출입문을 통제하여 3명의 스태프와 3팀의 손님만이 한 공간 안에서 시간을 보낼 수 있습니다. 1시간 30분이라는 약속된 시간 동안에는 누구의 방해도 받지 않고 오롯이 현재를 즐길 수 있는 것이죠. 조용하고 정갈한 한옥 안에서는 티와 커피, 한과 등의 디저트 페어링pairing을 즐길 수 있습니다. 가성비를 기준으로 생각하면 결코 적은 비용이 아니지만, 한옥이라는 공간의 특수성과 천천히 본질에 집중하는 블루보틀의 방향성이 맞닿아 만들어진 공간과 서비스를 경험하는 비용으로는 충분한 가치가 있습니다.

여기 대여공간이자 공유공간이면서, 나에게만 집중할 수 있는 사적인 공간도 있습니다. 성수동에 위치한 '그린랩'은 오롯이 혼자만의 시간을 위한 공간입니다. 큰 창으로 보이는 숲과 물 흐르는 소리, 새 소리가 어우러져 마치 숲속 한가운데에 앉아 있는 느낌을 줍니다. 공간을 담은 아날로그적 감성이 가득한 꽃바구니에 추천하는 책과 함께 원고지, 편지봉투, 방명록 등으로 구성된 어메니티amenity도 있습니다. 하나씩 풀어보며 다른 사람들이 남긴 공간에 대한 소회를 엿보는 재미가 있죠.

미리 예약한 시간 동안에는 가지고 간 책을 읽거나, 음료를 마시며 창밖을 보고 휴식을 취하거나, 이어폰을 끼고 음악을 듣거나, 적막 그대로를 느끼거나, 혹은 다른 어떤 방식으로 공간을 사용해도 상관이 없습니다. 누군가에게는 독서실, 누군가에게는 음악감상실, 누군가에게는 생각의 방이 되는 것이죠. 이렇듯 공간에서 시간을 보내는 방법은 각자 다르지만, 목적은 같은 사람들이 모이기 때문에 이런 무드가 유지될 수 있는 것입니다.

이곳은 '작은 쉼이 필요할 때나 마음의 평화가 필요할 때 모든 소리를 끄고 내면의 소리, 자연의 소리에 귀 기울일 수 있는 공간'이라는 콘셉트에 어울리게 언제나 소란스러운 서울숲 주변에서 거의 유일하게 조용한 공간이 아닐까 합니다.

이처럼 동행하는 사람 없이 온전히 혼자여서 더 좋은 공간은 누구에게나 있습니다. 저에게는 전시회장이 그런 공간인데요. 오디오 가이드를 들으며 입구부터 출구까지 모든 감각을 열어 집중하고 몰두하는 그 시간이야말로 '공간을 제대로 즐기고 느꼈다!'는 마음이 드는 시간입니다.

아마 전시회장을 가는 많은 분들이 비슷하게 느끼실 것이라

혼자만의 시간과 공간을 즐길 수 있는 성수동 '그린랩'.

생각합니다. 전시회장은 예약을 하고, 입장료를 지불하는 것이 당연한 공간이고 같은 공간을 일정 기간마다 지속적으로 방문하게 되는 연속성 있는 공간입니다. 게다가 요즘 공간에서 중요한 요소 중 하나인 인스타그래머블한 공간이기도 하죠. 전시회장이 가진 요소들을 상업공간에 맞게 적용해보는 것은 어떨까요?

집에서 경험하고,
공간으로 찾아가는 사람들

코로나로 인해 비대면 소비가 늘어나면서 주목받는 소비 형태 중 하나는 '구독형 서비스'입니다. 매월 일정 금액을 지불하면 주기적으로 제품이나 서비스를 제공받는 유통 서비스의 형태로, 최근에는 식품, 의류, 생필품, 세탁, 게임, 그림 등 생활 전반으로 확장된 구독형 서비스를 경험할 수 있습니다. 앞서 언급했던 넷플릭스 역시 콘텐츠 구독 서비스 중 하나입니다.

이전에는 1인 가구나 맞벌이 부부를 위한 생활 편리성 구독 서비스나 OTT 정도였다면, 요즘 구독경제는 개인화된 맞춤 서비스가 더해진 '편리미엄(편리함과 프리미엄의 합성어)' 서비스 형태로 진화하였고 종류도 다양해졌습니다. 실제로 국내 구독경제 시장의 규모는 2016년 25조 9,000억 원에서 2020년 약 40조 원으로 증가하였습니다.

구독 서비스는 개인의 소비 성향과 취향에 따른 맞춤형 서비스에 대한 니즈를 충족시키면서, 코로나로 인해 오프라인에서의 경험이 점점 부족해지는 상황에서 다양한 경험을 해볼 수 있도록 해줍니다. 이런 점에서 사용자들의 만족도가 높죠. 기업에서는 구독 서비스를 통해 충성도 높은 고객을 확보하여 묶어두는 락인 lock-in 효과를 높이기 위해서 경쟁력 있는 구독 서비스를 제공하여 적용 분야를 확장하고 있습니다.

대표적으로 전통주 구독 서비스 브랜드인 '술담화'나 '우리술 한잔'은 코로나 이후 홈술과 관련된 소비가 증가하면서 20~30대 젊은 소비자들에게 큰 호응을 불러일으키고 있습니다. 이는 접근하기 어려운 전통주에 대해 알리고 자신에게 맞는 술을 찾아주는

전통주 구독 서비스 '우리술한잔'이 종로에 오픈한 오프라인 공간.

서비스로, 전문가가 큐레이션한 전통주를 판매하는 것과 더불어 블로그나 자체 제작 매거진을 통해 전통주에 대한 설명과 어울리는 안주 페어링 등 전문적인 정보를 제공하고 있습니다. 또한 전통주는 주류 중 유일하게 온라인 판매가 가능하여 온라인 구독 서비스를 통해 전통주를 알리고 소비자층을 더욱 폭넓게 하는 계기가 되었습니다.

'우리술한잔'은 구독 서비스와 함께 한국의 전통문양이 가득한 오프라인 공간으로 영역을 확장하기도 했습니다. 다양한 전통주와 전통주 칵테일, 페어링 안주 등을 스태프의 설명과 함께 즐길 수 있죠. 오프라인에서 경험한 전통주는 온라인 구독 서비스로 이어지고, 온라인에서 전통주를 먼저 접한 소비자는 오프라인 공

온라인에서 전통주를 먼저 접한 소비자는 오프라인 공간을 통해 직접 체험하게 된다.

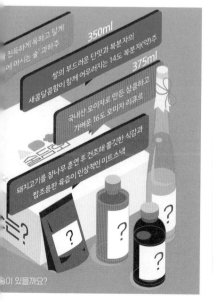

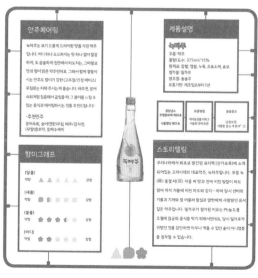

간을 통해 브랜드를 직접 체험하게 됩니다. 촌스럽고 올드한 이미지였던 전통주가 요즘스러운 디자인의 패키지와 소통 방식으로 구독경제와 만나 젊은층에 전파되는 뉴트로 감성의 구독 서비스라 할 수 있습니다.

이렇게 집에서 받아보는 구독 서비스의 경우에는 매거진이나 브로슈어의 역할이 중요합니다. 디지털 시대에 구독경제를 경험하는 소비자에게 인쇄물이라는 아날로그적인 접근이 더 효과적일 수 있기 때문이죠. 하루에도 수십 개씩 날아와 스팸처리 되는 메일이나 문자보다 낫습니다. 이메일이나 문자로 받는 광고 메시지는 대부분이 읽지 않거나, 읽더라도 기억에 오래 남지 않지만 제품과 함께 받은 인쇄물은 적어도 한 번쯤 훑어보게 됩니다. 이때 상품에 대한 정보와 함께 추천하는 제품이나 새로운 제품에 대한 정보를 제공하거나, QR코드를 통해 온라인 사이트로 접근하게 하는 등 추가적인 홍보 활동도 필수적입니다.

F&B 브랜드 '도제'의 세컨드 브랜드인 '도제식빵'은 국내 최초로 식빵 구독 서비스를 비대면 서비스에 대한 니즈가 고조되던 2020년 7월에 런칭하였습니다. 빵이 나오는 시간에 맞춰 줄을 서고 그나마도 재고가 소진되면 구입하지 못했던 빵을 편리하게 집에서 받아볼 수 있다는 점에서 화제가 되었고, 식빵 전문 브랜드의 제품력이 뒷받침되어 더욱 화제가 되었습니다. 처음에는 구독

국내 최초 빵 구독 서비스 '도제식빵'의 2번째 오프라인 공간 '도제식빵' 위례점(아래).

서비스 가능 지역이 한정적이었으나 최근 전국으로 대상 지역을 확대하였고, 일부 지역에 한해 '갓 구운 라이더'들이 원하는 시간에 맞춰 집까지 배달하는 서비스도 진행하고 있습니다.

도제식빵은 배송 지역뿐 아니라 공식 홈페이지, 마켓컬리, 헬로네이처, 오아시스 같은 온라인 플랫폼과 라이브 커머스 등 온라인 판매 영역까지 범위를 확장했고, 오프라인에서는 팝업 스토어나 매장을 통해 서비스 제공 영역을 확장하는 등 온·오프라인 채널을 통한 브랜드 확장이 빠르게 진행 중입니다.

위례신도시에 위치한 '도제식빵' 위례점은 도제식빵의 2번째 오프라인 공간이자 식빵 연구소의 '온 베이킹on-baking' 콘셉트로 만들어져 베이킹하는 모습을 직접 눈으로 볼 수 있고, 미리 주문한 제품을 픽업하는 픽업 데스크도 운영하고 있다. 도제식빵 SNS 팔로워들을 '오수니(오순도순 지내자는 의미)'라는 애칭으로 부르며 친근감을 형성하는 등 온·오프라인 양방향 채널을 통한 소비자와의 소통을 활발히 하고 있습니다.

이마트 트레이더스의 '커피 구독권'이나 '피자 구독권'처럼 백화점이나 마트 등 유통 기업에서 가격적인 혜택을 주고 오프라인 매장을 방문하도록 유도하는 모객 방식도 구독 서비스를 통해 매장 방문을 유도하는 마케팅 전략 중 하나입니다. CJ 푸드빌에서 운영하는 베이커리 브랜드 '뚜레주르'는 월 구독료를 내면 50~80%가량 낮은 가격으로 프리미엄 식빵, 커피, 모닝 세트 등을 구매할 수 있는 가격적 혜택을 주는 구독 서비스를 제공하고 있습니다. 구독 서비스를 이용하기 위해 매장을 방문하면 다른 제품으로도 소비가 이어지고, 서비스 이용을 위해 오프라인 매장을 정기적으로 방문하게 되는 것이죠.

　단순히 식품이나 OTT 서비스를 넘어 취미 용품이나 식물, 그림 등 구독경제의 영역은 점차 확장되고 있습니다. 편리성을 넘어 다양성을 추구하는 요즘 소비자들의 소비 형태로 자리 잡고 있죠. 판매하고 있는 제품을 주기적으로 제공하기 위해서는 제품의 업그레이드와 확장이 필수적입니다. 늘 같은 제품이나 서비스를 판매하는 것은 질 좋은 구독 서비스라고 할 수 없고, 시간이 지나면 소비자는 더 질 좋은 새로운 제품을 찾아 떠나게 됩니다. 처음부터 구독 서비스를 위해 제품을 개발하거나 신메뉴를 늘리기보다는 브랜드의 시그니처 아이템이나 베이직한 아이템 한두 가지로 운영한 후 점차 적용 범위를 늘려가며 구독 서비스를 정착시키는 방향으로 진행하는 것이 현실적인 방법입니다.

　오프라인 공간을 운영하면서 구독 서비스를 진행할 경우에는 온라인과 오프라인이 융합되어야 하고, 단지 판매 채널이 늘어나는 것이 아니라 지속적으로 새로운 콘텐츠를 제공해야 하기 때문에 철저한 사전 준비 없이 실행해서는 안 됩니다.

　그렇다면 지금부터 우리 브랜드나 공간에는 어떤 구독 서비스 모델을 적용할 수 있을지 고민해봅시다.

택배박스를 여는 순간,
경험이 시작된다

커피 경험과 제3의 공간을 판매하는 스타벅스가 이마트 역삼점 내에 픽업과 배달 서비스만 가능한 국내 첫 '스타벅스 딜리버스' 매장을 오픈한 이후 빠르게 대상 지역을 확대하고 있습니다. 통계청에 따르면 온라인 주문으로 거래되는 음식 서비스 매출이 2020년 약 17조 4,000억 원으로 전년 대비 78.6%의 성장률을 보였다고 합니다. 이런 현상은 커피 전문점 중 마지막까지 배달 서비스를 제공하지 않던 스타벅스를 변화시켰습니다.

비단 코로나 때문만은 아닙니다. 이미 2018년부터 미국 도심에 있는 스타벅스 이용객의 80%는 테이크아웃이나 픽업 서비스를 이용하고 있었으며, 이후 사이렌 오더가 활성화되면서 픽업 손님이 매년 증가하고 있는 추세입니다. 스타벅스는 변화하는 소비자 성향에 따라 픽업 전용 '워크 스루walk through' 매장과 전통적인 스타벅스 매장, 그리고 전문 바리스타가 커피를 내려주는 '리저브

reserve'매장 등 다양한 매장 형태를 도입하고 있습니다.

픽업 전용 매장이 '공간'이라는 경험을 판매하는 스타벅스의 경영 철학과 맞지 않다고 생각할 수도 있지만 스타벅스는 달라진 소비자의 성향과 외부 환경에 대응하여 변화하고 있는 중이라 할 수 있습니다.

물론, 점점 다양해지는 판매 방식과 배달 서비스 비중의 증가에 따라 배달 라이더와 관련된 서비스 디자인도 필요합니다. 우선 스태프의 명확한 역할 분담으로 매장 고객과 픽업, 배달 주문을 구분하여 혼선이 생기지 않도록 하고, 매장 내에서의 교통정리도 필요합니다. 배달 라이더는 여러 매장의 주문을 한 번에 픽업하는 경우가 많기 때문에 매장에서 음식을 받아가는 과정이 쉬워야 하고 일반 손님의 동선과 겹치거나 매장 깊숙이 들어와야 하는 번거로움을 없애주는 것이 중요합니다.

특히 셀프서비스로 운영되는 매장에서 카운터는 주문을 위해 대기하는 사람들과 픽업을 기다리는 사람, 카운터 주변에 진열된 제품을 고르거나 구경하는 사람, 그리고 배달 서비스를 위한 배달 라이더까지, 많은 사람이 사용하는 복잡한 공간입니다. 사용하는 사람이 많은 만큼 정보 전달이나 광고에 효과적인 위치이기도 하지만 불편을 느낄 수 있는 요소도 많은 곳이죠. 카운터 주변에 진열대나 쇼케이스가 있는 경우, 주문을 기다리는 사람과 동선이 겹치지 않도록 해야 하고 픽업과 리턴을 위한 공간도 분리하는 등 카운터와 그 주변을 이용하는 사람들이 불편함이 없도록 동선을 구분하여 설계해야 합니다.

스타벅스는 이렇듯 매장을 타입별로 분리하여 운영하지만, 하나의 매장을 운영하는 사람들은 그 안에서 목적에 따라 동선을 구분하는 교통정리를 할 필요가 있습니다. 영화관의 동선 구분을 볼까요? 상영관으로 들어가는 사람과 티켓 창구로 향하는 사람의 동선이 입구에서부터 나눠집니다. 목적이 다른 사람들끼리 동선이 헷갈리거나 서로 꼬이지 않도록 바닥에 안내선이 표시되어 있는

배달, 포장 서비스 전문 매장 '스타벅스 딜리버스' 역삼점.

곳도 있습니다.

　이런 시스템을 매장에 적용하면 매장 안으로 들어가는 손님과 그렇지 않은 손님을 매장 입구에서부터 구분할 수 있습니다. 테이크아웃, 픽업, 배달 등의 서비스를 이용하는 사람이 매장 외부 혹은 입구에서 포장된 음식을 받으면 매장 내부가 훨씬 덜 어수선해질 것입니다. 주문하고 픽업하는 사람도 테이블을 거쳐 카운터까지 걸어 들어가는 불편과 수고스러움을 줄일 수 있죠. 매장 입구와 주문을 받는 곳, 픽업하는 곳이 구분되어 있거나 주문 카운터와 픽업 창구가 매장 입구에 위치하면 매장 외부와 입구는 분

매장 이용 고객과 테이크아웃 고객을 구분한 입구 디자인의 '스타벅스 별다방점'.

주하게 움직여도 매장 내부에 크게 영향을 주지는 않게 됩니다.

　배달 라이더가 픽업을 기피하는 매장이 되면 주문이 들어와도 제때 손님에게 배달되지 못하게 되고, 손님들의 만족도가 떨어지는 상황이 발생합니다. 매장의 위치를 선정할 때에도 배달 서비스 위주의 매장은 월세가 비싼 큰 길가 1층이 아니라, 픽업 가능 지역 내에 있는 골목 상권까지 범위를 확장해볼 필요가 있습니다. 오토바이 주차가 편리하고 건물 입구에서 매장까지 거리가 멀지 않다면 지하 1층, 1층, 2층 모두 배달 라이더 픽업에 어려움이 없기 때문에 월세를 낮춰 고정비 지출을 줄이는 하나의 방법이 될 수도 있습니다.

배달 라이더 주차공간을
따로 마련한 매장.

배달이나 구독 서비스에서 중요한 또 하나는 바로 '패키지'입니다. 오프라인 공간에서 행해지는 쇼핑이라는 행위의 마지막은 집으로 돌아와 패키지를 여는 순간까지라고 할 수 있죠. 오프라인의 경험이 생략된 온라인 쇼핑이나 배달 서비스를 통한 구매에서는 그 순서가 바뀌었다고 생각하면 됩니다. 배달 라이더를 통해 제품을 전달받는 순간이나 택배 상자를 여는 순간 보이는 브랜드의 패키지와 포장 방식은 브랜드에 대한 정보와 이미지를 실제로 접할 수 있는 처음이자 마지막 경험이 되는 것입니다. 얼마나 예쁜가가 중요한 것이 아니라 얼마나 브랜드의 특성을 잘 담아냈는가, 제품이 손상되지 않고 소비자에게 전달됐는가, 패키지를 폐기하기 편리한가 등이 새로운 기준이 되고 있습니다.

형태가 심하게 망가지거나 이리저리 섞여 있는 음식을 받아본 경험, 픽업 서비스로 들고 가던 커피가 쏟아지는 황당한 경험은 누구나 한 번쯤 해봤을 것입니다. 픽업이나 배달 서비스를 이용할 때 음식이 쏟아지는 불상사를 방지하기 위해서는 바닥이나 상단이 넓은 캐리어나 박스를 사용해야 합니다. 예를 들어, 피자를 포장할 경우에는 하단에 지지대 역할을 할 수 있는 면이 있는 캐리어나 박스 형태의 패키지를 사용하는 것이 좋습니다. 같은 원리로 접이식 컵 캐리어보다는 종이 계란판처럼 생긴 종이난좌 캐리어가 연결 부위가 접힐 위험이 없고 바닥 면이 고정되어 쏟아질 위험이 줄어들어 배달용 패키지로 사용하기 좋습니다.

카페의 경우 운반이 용이하고 밀봉이 가능한 장점이 있는 알루미늄 캔의 사용이 많아지고 있어, 매장 내에 커피머신과 캔시머가 나란히 놓여 있는 모습을 자주 볼 수 있습니다. 알루미늄 캔은 분리배출이 쉽고, 재활용할 경우 신규 생산할 때보다 에너지 소비량이 현저히 떨어져 온실가스 배출을 95% 줄일 수 있다는 장점이 있습니다.

앞서 언급했던 환경적인 이슈로 포장재의 사용을 최소화하는 것을 우선 생각해야 하지만, 어쩔 수 없이 포장재를 사용할 경우에는 분리배출이 쉽고 재활용이 용이하거나 친환경 생분해가 가능한 소재로의 전환이 필요합니다. 배달 플랫폼에서 음식점주들을 대상으로 운영하는 쇼핑몰이 있는데, 이곳에서 이미 친환경 용기를 판매하고 있다고 합니다. 그러나 의무 사용이 아니기 때문에 사용률은 30% 미만이라고 하네요.

마켓컬리는 2019년부터 '올페이퍼챌린지'를 시행한 이후, 1년 만에 대한민국 연간 플라스틱 사용량의 0.8%에 해당하는 양을 줄였고, 쿠팡이나 SSG, COM 등 많은 새벽 배송 쇼핑몰에서 다회용 포장재 사용으로 스티로폼과 비닐 사용량을 줄이는 친환경 배송을 진행하고 있습니다.

플라스틱 과용 문제는 정부나 기업, 환경 단체만의 일이 아니라 제품과 서비스를 제공하는 사람과 제공받는 사람 모두의 문제라는 인식도 필요합니다. 예쁘게 포장하여 제공하려는 마음에 과

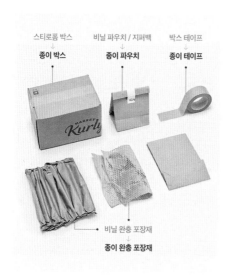

스티로폼 박스   비닐 파우치 / 지퍼백   박스 테이프
↓   ↓   ↓
종이 박스   **종이 파우치**   **종이 테이프**

비닐 완충 포장재
↓
종이 완충 포장재

'마켓컬리'의 다양한
친환경 소재 패키지.

하게 포장재를 사용하고 있지는 않은지, 사용하는 포장재나 포장
용기가 분리배출이 쉬운 형태인지, 친환경 소재인지, 다회용 가방
이나 포장재로 대체할 수 있는지 등 환경 오염을 줄이기 위한 점
검이 필요합니다.

2

멀어도, 비싸도, 줄을 서도
다시 찾고 싶은 곳

SNS 핫플보다
동네 사랑방이 되어야 하는 이유

"혹시 당근이세요?"

2015년 출시된 중고거래 어플리케이션 '당근마켓'은 코로나 이후 급격한 성장세를 이어가고 있습니다. 2021년 3월 기준 누적 가입자 2,000만 명, 주간 이용자 1,000만 명을 돌파했습니다. 당근마켓은 지역간 이동이나 먼 거리 이동이 어려워진 상황에서 동네를 벗어나지 않고 사용할 수 있다는 점, 즉 동네 상권을 기반으로 한 서비스라는 점에서 주목받았습니다. 가입이나 이용 시 전화번호를 사용한 쉬운 접근 방식 때문에 다양한 연령대가 이용 가능하다는 점에서도 매력적이었죠.

코로나로 인해 원마일 웨어, 원마일 플레이스, 슬세권(슬리퍼를 신고 다닐 수 있는 지역) 등 내가 사는 지역을 중심으로 한 동네 상권에 대한 관심이 높아지고 생활권이 바뀌면서 도심에서의 경제 활동이 집 근처 동네로 점차 이동하고 있습니다. 범위가 좁은 특정 지역에 맞춘 하이퍼로컬hyper-local 서비스에 대기업이 뛰어들고 있다는 것은 앞으로의 소비 생활이 '동네'를 중심으로 이루어질 것이라는 방증입니다. 모종린 교수의 저서 《머물고 싶은 동네가 뜬다》는 "오프라인 시장의 미래는 로컬이다."라는 문장으로 시작합니다. 그는 동네 상권에서 매장을 운영하는 소상공인과 로컬 크리에이터의 차이점이 지역을 기반으로 한 로컬 콘텐츠와 지역 문화를 창조하는 창의적 활동에 있다고 정의했고, IT 기술과 콘텐츠가 접목되어 업종의 확장이 이루어질 것이라고 전망했습니다.

동네상권을 부활시킨 금호동의 '카모메 그림책방'.

금호동에 있는 '금남시장'은 노포와 토박이 사장님들이 새롭게 연 가게가 함께 모여 동네 상권이 변화하는 모습을 잘 보여주고 있습니다. 집에서 재택근무를 마친 후에 3대째 이어온 노포에서 밥을 먹고, 근처 내추럴 와인바에서 와인을 마시고, 집에 들어가는 길에 시장에서 싱싱한 식재료와 프리미엄 생식빵을 사는 코스는 슬세권에서 이루어지는 소비 활동을 가장 잘 보여주는 사례입니다.

금남시장은 2~3년 전부터 시장 노포들 사이에 내추럴 와인바, 고깃집에서부터 디저트 가게나 서점 등 새로운 가게들이 생겨

창의적 로컬 크리에이터들의 내추럴 와인바 '폼페트'.

나기 시작했고 그 업종도 점차 다양해지고 있으며, 근처에 2호점을 내는 가게도 생겨나는 등 지역 내에서의 지속적인 확장이 진행되고 있습니다. 이처럼 기존에 형성된 상권이나 구도심에 지역 문화를 기반으로 한 창의적인 로컬 크리에이터들이 만든 로컬 매장이 들어서면서 상권의 분위기가 달라지고 지역주민뿐 아니라 다른 지역 사람들이 찾아오는 동네가 되면 지역의 특성을 살린 그들만의 로컬 문화가 만들어집니다.

로컬 크리에이터를 중심으로 한 골목 상권의 부활은 동네에서 작은 가게를 운영하는 소상공인에게 좋은 기회가 될 수 있습니다. 골목 상권에서 적용할 수 있는 업종에 한계가 있다고 생각한다면, 기존에 도심이나 중심상권에서 우리가 이용했던 매장이나 서비스를 동네로 끌어들인다는 개념으로 접근해봅시다. 좀 더 다양한 업종을 생각해볼 수 있을 겁니다.

동네 상권에서 매장을 만들 때 결정해야 하는 것 중 하나는 보이는 방식에 대한 부분입니다. 기존에 형성되어 만들어진 무드와 아예 다른 모습을 보여주거나, 새로운 형태를 보여주거나 하는 표현 방식은 선택의 문제입니다.

문래 창작촌에 있는 카페 '평화'는 잘 찾아가야 보이는 외관을 가진 곳으로 기존의 오래된 새시조차 그대로 사용하고, 최소한의 간판만 부착하고 있습니다. 매장 내부도 빈티지한 톤앤매너는 유지하면서 도자기 소품과 은은한 향이 어우러져 독특한 분위기가 납니다. 낮에는 커피와 디저트를, 밤에는 와인을 마실 수 있는 이곳은 공간의 무드와 잘 어울리는 향과 음악이 더해져 비록 의자는 편하지 않지만, 공간이 주는 편안함을 느끼며 오랜 시간 머물러 있어도 좋은 공간입니다.

이처럼 기존에 있던 것을 최대한 활용하여 옛것과 새것이 만나고 과거와 현재가 공존하는 뉴트로 감성은 여전히 많은 사람이 좋아하는 무드입니다. 뉴트로는 'new'와 'retro'의 합성어로 옛것을 지금의 감성에 맞춰 새롭게 해석한 문화입니다. 그래픽, 제품 디자인이나 인테리어 등 다양한 분야에서 활용되고 있죠. 기존에 형성된 동네 상권에 만드는 공간은 이런 뉴트로 감성을 표현하기에 더없이 좋은 조건을 가지고 있습니다.

얼핏 보면 소아과 병원, 자세히 보면 카페인 신기한 공간도 있습니다. 망원동에서 40년 동안 자리를 지켜온 어린이 병원을 '커피호스피탈'로 탈바꿈한 복합문화공간으로 외부 간판이나 레트로한 소품들이 기존 어린이 병원의 헤리티지를 느끼게 해줍니다. 오랜 기간 동네 병원으로 동네의 아이들, 어르신들과 함께해온 명맥을 이어 커피와 디저트로 지역 사람들과 소통하길 원하는 그들의 의지는 간판부터 대기실 의자까지 기존 병원에서 사용하던 것을 유지하거나 재배치하여 활용하는 방법으로 표현됩니다. 추억 돋는 회수권이 커피 쿠폰이 되고, 먹기 싫은 알약이 담겨 있던 약 봉투는 달달한 젤리를 포장하는 포장재로 변신하는 등 기존 공간의

뉴트로 감성이 잘 묻어나는 문래동 '평화'.

특성을 살린 소품과 요소들을 찾아보는 재미도 쏠쏠합니다. 어른이들의 놀이 공간으로 손색이 없죠. 이는 기존 공간이 가지고 있던 역할과 의미를 이어받아 과거에서 현재까지 이어지는 공간 스토리텔링으로 가치를 부여하고 차별화 요소로 아주 잘 활용한 사례입니다. 이처럼 콘셉트가 명확한 공간은 인테리어뿐 아니라 사용하는 가구, 오브제, 소품 그리고 패키지까지 콘셉트를 강화할 수 있는 요소로 활용해야 합니다.

동네 상권은 단골손님에 의해 매출이 좌우되는 경우가 많고, SNS보다 강하다는 입소문에 좌우되기도 합니다. 그래서 관광객이 많거나 일회성 방문이 많은 매장에 비해 신경 쓰고 조심해야 하는 것들이 더 많기도 하죠. 단골을 만들기 위해 자주 오는 손님의 얼굴을 기억하거나 구매했던 것들을 기억해주고 지역 내에서 배달 서비스를 진행하는 등 보다 세심한 운영방식이 필요합니다. 동네 가게는 방문을 인증하기 위해 찾아오는 일회성 손님으로 핫해진 SNS 핫플레이스보다 동네 사람들이 편하게 들를 수 있는 사랑방이 될 때 더 오래 유지될 수 있다는 점을 잊지 말아야 합니다.

더불어 온라인을 통한 홍보 활동과 온라인 주문 및 배송 등 지역적 한계를 벗어난 확장 활동이 더해진다면 동네 사람과의 단골 네트워크를 유지하면서도 지속적이고 안정적인 매출을 기대할 수 있겠죠.

복합문화공간으로 탈바꿈한 망원동의
'커피호스피탈'은 원래 같은 자리에서
40년간 자리를 지켜온 어린이 병원이
었다. 작은 소품, 인테리어 하나까지도
기존의 병원과 결을 함께하여 더욱 매
력적인 공간으로 탈바꿈하였다.

집 앞에서 찾은 공항,
땅 위에서 먹는 기내식

대학내일20대연구소에서 MZ세대를 대상으로 "지금 당장 하고 싶은 여가 생활이 무엇인가?"를 묻는 질문에 18.3%가 '해외여행'이라고 답해 1위를 차지했습니다. 멈춰버린 해외여행에 답답함을 느낀 사람들은 '한국의 해외' 제주도로 발길을 돌리거나 무착륙 관광비행, 호캉스 등으로 여행에 대한 갈증을 달래고 있죠. 호텔업계는 다양한 콘셉트의 호캉스 상품을 출시하며 여행업에 불어닥친 위기를 극복하고자 노력하고 있으며, 기존에 해외여행에 지출했던 비용 정도는 여행을 위해 사용할 의사가 있는 소비자들이 국내 고급 호텔의 패키지 상품을 이용하고 있습니다.

또한 자가격리 없는 해외여행 협약인 '트래블 버블travel bubble' 제도를 시행하는 나라가 늘어나고 백신 여권 도입이나 골프 격리, 요트 격리 등 자가격리를 여행 상품으로 개발하는 등 우리나라뿐 아니라 전 세계를 관통하는 관광업계의 불황을 해소하기 위한 노력은 계속되고 있습니다.

물론, 코로나로 인해 국내에서도 먼 거리 이동에 대한 불안이 생겨났고 홈 어라운드 소비가 증가했습니다. 예전에 해외 여행지에서 경험했던 분위기와 맛을 로컬에서 찾게 되었고, 이런 상황이 이어지자 터키문화관광부에서는 '한국에서 터키 즐기기'와 같은 테마로 국내에서 터키 현지를 느낄 수 있는 카페와 식당 등을 소개하기도 합니다. 해외여행이 자유로워지게 되면 터키로 여행 오라는 말과 함께 터키의 봄소식과 관광명소를 홍보하기도 하죠.

이처럼 해외로 나갈 수 없는 상황이 계속되자 이동이 가능한 국내, 혹은 내가 사는 동네에서 여행지 느낌을 낼 수 있는 곳을 찾아다니며 아쉬움을 달래는 사람들이 늘어나고 있습니다. 매일 마시는 커피 한잔도 이왕이면 이국적인 카페 테라스에서 햇볕을 쬐며 즐기고, 프랑스 라디오가 흘러나오는 프랑스 감성 가득한 빵집에서 구입한 프랑스 와인과 식료품, 빵으로 집에서 잠시 지난 여행을 추억하기도 합니다. SNS에 '유럽감성'만 검색해도 유럽에서나 볼 수 있을 만한 카페나 식당, 직수입 식료품점, 편집숍 등을 찾을 수 있는데 이렇게 다양한 해외 감성 공간이 이미 많았다는 점이 새삼 놀랍기까지 합니다.

오프라인 공간에서 이국적인 감성을 가장 먼저 느낄 수 있는

이국적인 감성을 불어넣어주는 다양한 외관 디자인은 방문한 이들이 잠시나마 여행 온 기분을 느낄 수 있도록 해준다.
(시계방향으로) 리틀버틀러, 에르제, 올덴브라운, 스트란드.

곳은 매장의 정면부, 바로 파사드façade입니다. 주변 매장에서 사용하지 않는 컬러 중 조금은 과감하고 이국적인 컬러나 소재로 만들어진 외관에 그와 어울리는 폰트로 쓰여진 로고와 그래픽은 주변 매장이나 건물과 대비를 이뤄 그 자체로도 눈에 띄는 효과가 있습니다.

외관에서 느껴지는 무드는 내부와 연결되어야 이질감 없이 더욱 콘셉트를 강화해줍니다. 브랜드를 표현하는 연출 소품이나 매장 내 POP에 사용하는 언어와 폰트, 그래픽, 음악과 향기 등이 더해져 무드를 완성하면 방문한 사람들이 잠시나마 해외에 온 것 같은 기분으로 공간을 경험할 수 있을 것입니다.

더불어 해외여행의 목마름을 달래는 공간의 콘셉트는 뭐니 뭐니 해도 '공항'이죠. 공항에만 가도 기분이 좋아진다거나 스트레스가 쌓이면 공항에 가서 기분전환을 한다고 하는 사람들이 있을 만큼 공항이라는 공간이 주는 설렘과 기분 좋은 흥분은 매력적이죠. 이 기분을 오랫동안 느끼지 못한 사람들에게 공항을 그대로 재연하거나 공항과 관련된 굿즈를 판매하는 공간은 요즘스러운 힐링 공간이 되었습니다.

제주항공에서 '여행의 행복을 맛보다.'라는 콘셉트로 운영하는 팝업 스토어 '여행맛'은 여행에 목마른 사람들에게 화제가 되고 있습니다. 이곳은 공항 탑승구와 항공기를 모티브로 한 공간에서 승무원이 직접 운영하며 기내식과 음료를 판매하는 팝업 스토어로, 일상 속에서 짧지만 강렬하게 여행의 일부를 경험하게 됩니다. 소비자 입장에서는 여행에 대한 향수와 설렘을 느낄 수 있고, 심각한 불황을 겪고 있는 항공사 입장에서는 무착륙 면세 비행이나 화물 운송 등과 더불어 부진을 벗어나기 위한 노력인 동시에 코로나가 종식된 이후 여행이 재개되는 시점까지 소비자와 소통하는 마케팅 활동의 일환인 셈입니다.

최근 SNS에서 핫한 부산의 '33게이트'도 공항 출국장 콘셉트로 만든 공간입니다. 비행기 탑승을 기다리며 마시는 커피 한잔의 느낌을 낼 수 있어 잠시나마 여행의 설렘을 느낄 수 있는 카페죠. 티켓 카운터, 탑승구 대기 의자, 안내표지판 등 공항에서만 볼 수 있는 인테리어 요소에 간혹 나오는 안내 방송까지 시청각적 요소를 사용하여 공간의 콘셉트를 강화했습니다. 포토존에 있는 캐리어나 비행기 티켓을 활용한 소품으로 소소한 재미도 느낄 수 있습니다.

마찬가지로 성수동에 위치한 'FAVOR'는 기차 여행을 연상케하는 콘셉트의 공간입니다. 매장 입구와 전면을 기차 객실에서 볼 수 있는 요소들로 구성하고, 유리창 너머 보이는 풍경을 미디어 아트로 표현하여 마치 기차 식당칸에 있는 것처럼 느껴지는 이색적인 공간이죠. 메뉴를 주문하고 픽업하는 곳, 커피 로스팅 공간을 기차 플랫폼으로 표현하는 등 디테일까지 놓치지 않은 인스타그래머블한 공간입니다.

이처럼 '여행맛'의 경우, 실제 기내에서 판매하는 기내식과 기념품 등을 팔며 실제 객실 승무원이 직접 운영하여 현실감 있는 공간을 만들었고 '33게이트'와 'FAVOR'는 전체적인 공간의 인테리어를 최대한 심플하게 마감하되 공항과 기차라는 공간적 콘셉트를 축약하여 매장 내외부에 연출하고 소품이나 미디어 아트, 그래픽 등으로 무드를 강화했습니다. 이렇게 모티브로 한 장소나 상황을 연상할 수 있는 상징적인 요소들을 인테리어나 구성에 적용한 공간은 여행뿐 아니라 다른 콘셉트를 표현하는 방법으로도 참

탑승구와 항공기를 모티브로 한 제주항공의 팝업 스토어 '여행맛'.

고할 수 있는 사례입니다. 그러나 명확한 콘셉트가 있는 공간이 특수한 상황과 만나 이슈가 된 경우에는 판매하는 제품과 서비스 등을 확장하고 콘셉트를 더욱 견고하게 유지하는 브랜딩이 이루어져야 상황의 특수성이 사라진 이후에도 사람들이 찾아오는 공간이 될 수 있습니다.

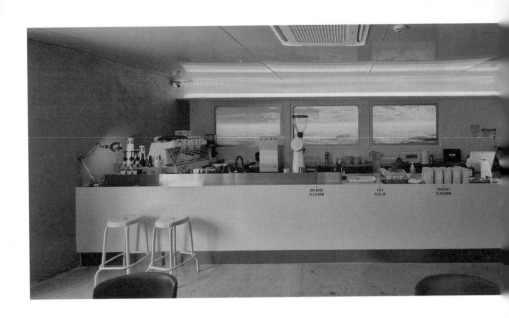

특정한 공간을 모티브로 하여 만들어진
공간은 방문만으로 흥미로운 경험을 선
사한다. 성수동의 'FAVOR'(위)는 기차 콘
셉트를, 부산 서면의 '33게이트'(아래)는
공항 콘셉트를 강화한 이색 카페들이다.

'오픈빨'이 걷히고도
여전히 사람들이 찾아가는 가게

'여행'과 '공항'이라는 명확한 콘셉트로 공간과 제품을 브랜딩하여 여행객과 현지인이 꾸준히 찾고 있는 카페 브랜드는 코로나 이후 여행과 공항을 콘셉트로 한 공간들이 어떻게 유지되고 발전하여 브랜딩할 수 있는지 참고할 만한 좋은 사례입니다.

후쿠오카 공항과 여행을 모티브로 한 '후쿠 커피FUK coffee'는 비행기 모양의 라떼아트와 온·오프라인에서 판매하는 공항 콘셉트의 다양한 굿즈로 3~4년 전부터 일본을 방문한 한국 여행객을 통해 알려진 카페입니다. 매장 입구에서는 낡은 캐리어를 모티브로 만든 스티커부터 컵, 가방 등의 굿즈와 스페셜티 커피 원두 등 다양한 제품을 판매하고 있습니다. 앞서 본 사례들처럼 공항 콘셉트의 인테리어를 연출하기보다는 매장 입구의 낡은 캐리어와 공항에서나 볼 수 있는 그래픽을 활용하고, 공항을 모티브로 한 제품으로 무드를 만들어 브랜딩하고 있는 곳이죠. 'NGS coffee', 'OSA coffee', 'HIJ coffee' 등 각 지역의 공항명을 사용하여 해당 지역에 어울리는 그들만의 무드로 완성된 공간을 운영하고 있기도 합니다.

화제성이 높은 공간은 일시적인 호기심으로 찾는 공간이 아니라 지속적인 관심을 갖게 만드는 공간이 되어야 합니다. 소위 '오픈빨'이라 하는 거품이 걷힌 후에도 여전히 사람들이 찾아오는 공간이 될 수 있도록 온·오프라인을 통한 마케팅을 해야 하죠. 오

후쿠오카 공항과 여행을 모티브로 한 '후쿠 커피'.

프라인에서의 직접적인 브랜드 체험이 소비자에게 만족감을 줄 수 있도록 다양한 시도를 해야 합니다. 무엇보다 중요한 것은 보이는 콘셉트와 그 안에 들어 있는 콘텐츠, 그리고 작은 디테일 하나까지 '브랜드스러움'이 일관성 있게 표현되어야 소비자에게 정확하게 전달될 수 있다는 것입니다.

해외여행에 대한 갈증은 식재료 소비에 반영되기도 하는데, 마켓컬리에 따르면 해외에서 수입한 소스 판매량이 전년 대비 약 107% 증가했다고 합니다. 해외에 나가지 못하는 아쉬움을 집에서 달래는 사람들이 그만큼 늘어났기 때문이죠. 이렇게 직수입하는 제품을 판매하거나 현지에서 사용하는 방식으로 만들어진 제품이나 음식, 서비스 등을 판매하는 것만으로도 이국적인 무드를 조성할 수 있습니다.

자세히 보아야 이국적인 카페 '샌드커피 논탄토'는 오래된 커피 추출 방식 중 하나인 터키식 모래 커피를 경험할 수 있는 곳입니다. 뜨거운 모래 위에서 끓여진 커피에서는 우리가 흔히 마시는 에스프레소머신 커피나 핸드드립 커피와는 다른 맛과 풍미를 느낄 수 있습니다.

이곳은 샌드커피 만드는 과정을 보며 터키식 커피에 대한 설명을 듣는 재미도 확실한 공간입니다. 카페의 내외부 인테리어에서는 이국적인 느낌이 많이 나지 않지만, 매장 중앙에 널찍하게 위치한 오픈키친에서 전통방식의 메뉴 제조 과정이 한눈에 보이

'샌드커피 논탄토'에서는 터키식 모래커피를 마시며 터키를 느껴볼 수 있다.

기 때문에 이런 구조가 전체 공간을 이국적으로 느껴지게 합니다.

이처럼 이국적인 무드를 연출하거나 해외 현지에서 경험할 수 있는 것들을 선보이는 오프라인 매장은 코로나로 인해 어려워진 해외여행의 대안으로 떠오르고 있습니다. '#여행대신', '#현지감성'을 충족시킬 수 있는 '요즘스러운 취향 공간'이 되고 있는 것이죠.

보편적인 서비스는 비대면으로,
특화된 서비스는 대면으로

"따사로운 햇살이 창을 통해 들어오는 나른한 오후, 갓 구운 빵 냄새가 퍼지는 카페 안에는 조금 느린 템포의 음악이 흘러나오고 창문으로 들어온 바람이 머리카락을 스쳐 지나간다."

위의 문장을 읽으면서 자연스럽게 떠오르는 이미지가 있나요? 우리는 감각기관을 통해 경험한 것들을 수집해 이미지로 만들고 이것을 기억으로 저장합니다. 햇살의 따사로움, 빵 냄새, 음악 소리 그리고 바람과 같이 실재하는 공간에서 감각기관을 통해 전달되는 '느낌'들은 오프라인 공간에서만 경험할 수 있는 특권과도 같은 감성적 요소라 할 수 있습니다.

오프라인 공간에서의 오감은 좋은 것을 더 좋아 보이도록 만들어 전달하고자 하는 콘셉트를 강화하죠. 그래서 판매를 촉진하기 위해 많이 사용됩니다. 구매 심리를 자극하는 음악의 템포나 소리의 크기, 오래 머무르게 하는 후각적 요소와 맛있어 보이게 하는 시각적 장치 등은 사람의 마음을 움직여 행동을 변화시키는 중요한 요소입니다. 오프라인 공간이 온라인과 차별화되는 부분은 이런 감각기관을 직접적으로 자극할 수 있는 경험을 제공한다는 것에 있습니다.

넓은 광장이 눈앞에 펼쳐지거나 천장이 높은 건축물 안에 들어갔을 때 느껴지는 특유의 웅장함과 압도감 역시 그 크기와 높이

경이로운 크기와 천장 높이의 '크리스티안보르 궁전(Christianborg Palace)'.

를 실제로 '경험'할 때 느낄 수 있는 감정입니다. 잘 만들어진 가상현실이나 증강현실도 입체적인 공간에서 느껴지는 공감각적 심상을 표현하는 것에는 한계가 있죠. 물론, 미래에 더 발전된 기술로는 그마저 구현할 수 있을 것입니다. 이렇듯 공간이 주는 힘은 실제로 그 공간에 가서 보고, 듣고, 만져보며 오감을 자극할 때 더 강력한 느낌으로 기억에 남게 됩니다.

집에서 영화를 보는 것보다 대형 화면에 입체감 있는 사운드로 영화를 감상할 때 영화의 내용에 좀 더 집중하게 되는 것처럼, 오감을 사용하는 경험이 기억에 오래 남는 이유는 지금 현재의 시간에 집중하게 되는 환경을 만들어주기 때문입니다.

공간에 집중도를 높이는 방법에는 여러 가지가 있지만 현실적으로 실행할 수 있는 방법으로는 오감을 이용하여 외부와 내부 공간에 보이지 않는 경계선을 만드는 것입니다. 예를 들면, 거리에서 맡을 수 있는 일상의 냄새를 차단하고 공간의 콘셉트에 맞는 향기로 후각적 경계선을 만들거나 공간 전체의 조도를 의도적으로 낮춰서 외부와 구분하는 것이죠. 푸른 기가 도는 주광색 조명으로 인공적인 느낌을 주는 것처럼 조명을 활용하면 자연광과 구분된 시각적 경계선을 만들 수 있습니다. 일상의 소리, 소음이 차단된 의도적인 정적 공간을 만들어서 특유의 콘셉트를 표현하기도 하고, 크고 웅장한 음악 소리를 연출해서 들어서는 순간부터 공간에 빠져들게 하는 효과를 주기도 합니다.

천장이 높은 공간을 클래식 음악으로 가득 채워 음악으로 힐링할 수 있는 공간을 만든 '황인용 뮤직스페이스 카메라타'는 청각적 요소에 시각적 요소가 더해져 현재의 시간에 집중하기 좋은 공간입니다. 공간에 들어서면 높은 천장과 벽면 전체를 차지한 대형 스피커로 웅장함을 느낄 수 있고, 입장료를 내고 들어가 원하는 자리에 앉으면 나만의 연주회가 시작되는 마법 같은 경험을 할 수 있습니다. 대화를 나누기 위해 이곳을 방문했다면 대형 스피커에서 나오는 음악 소리가 오히려 불편할 수 있을 것입니다. 그러나 이곳은 음악이 BGM으로 사용되는 공간이 아니라, 음악을 듣는 행위가 첫 번째 목적인 공간인 만큼 공간의 콘셉트에 충실했다고 할 수 있습니다. 이는 좌석 배치와 가구의 형태에서도 드러나는데, 스피커를 향해 일렬로 배치된 좌석은 마치 극장이나 공연장을 연상케 합니다. 테이블도 일반적인 카페에서 사용하는 크기보다 작은 티 테이블을 사용하고, 가방 보관함을 따로 두어 마주 보고 앉아 이야기를 나누는 것보다 듣는 행위에 집중하도록 구성하였습니다.

또다른 오감 요소 중 조명의 색이나 색의 온도, 위치 등은 공간의 무드를 조성하고 제품을 연출하는 것을 넘어 사람의 행동을 유도할 수도 있습니다. 간접 조명을 사용하여 조도가 낮고 부드러운 느낌이 드는 공간에서는 편안함을 느껴 오래 머무르게 되고 움직임을 천천히 하게 됩니다. 밝은 곳을 향해 움직이게 되는 본능을 활용해 조명의 위치로 동선을 유도할 수도 있습니다. 전시장에

천장이 높은 공간을 클래식 음악으로 가득 채운 '황인용 뮤직스페이스 카메라타'.

서 작품에 스포트라이트를 사용하여 집중도를 높이는 것도 이런 사례라 할 수 있습니다. 그리고 조도를 낮춰 시각적인 자극을 줄이면 청각이나 후각, 촉각 등 다른 감각기관이 더 활발하게 반응하여 이를 공간의 목적에 따라 활용할 수도 있죠.

여기에 건축, 인테리어, 자연환경 등 물리적 환경과 인적자원, 서비스 등이 결합되어 시너지 효과를 내면 공간이 주는 힘은 더 커지게 됩니다. 오프라인 공간을 방문하는 사람들의 목적 중 하나는 '사람을 만나기 위해서'기 때문이죠. 우리는 친구를 만나거나 미팅을 하려는 목적의 만남은 물론이고 모르는 타인과의 상호작용을 위해 사람이 모인 공간을 찾기도 합니다.

카페에서 공부를 하면 집중이 잘 되는 이유도 적당한 백색 소음과 군중 속에서 느껴지는 안정감 때문이라고 생각합니다. 굳이 나와 마주 보고 앉아서 이야기를 나누지 않아도 같은 이유로 한 공간 안에 있는 사람들에게서 묘한 동질감과 소속감을 느끼게 되고, 사회적 인간으로서 존재감을 확인하게 되어 느끼는 안정감이죠.

기계나 IT 기술로 채워지지 않는 감성은 사람을 통해 채워질 수 있으며, 이는 오프라인이 온라인과 차별화되는 요소라고 할 수 있습니다. 비대면 온라인 서비스가 증가할수록 일방적 소통에서 느껴지는 한계와 피로감이 누적되고, 때론 가상의 공간과 대상에 공허함을 느끼기도 합니다. 조금 극단적인 예로 영화 'HER'에서 주인공 남자는 AI와의 관계에서 느껴지는 한계와 공허함을 결국에는 뛰어넘지 못했고, AI가 인간과 구분되지 않을 감정을 나눌 정도로 기술이 발전했지만 여전히 손편지를 쓰는 아이러니함을 보여주기도 합니다. 기술이 발전해도 인간의 감성은 무엇으로도 대체할 수 없는 것이죠.

이처럼 정서적 스킨십이 동반된 대면 서비스는 친밀감을 형성하게 되고 사람의 마음을 움직이게 합니다. 대표적인 공간을 하나 살펴보겠습니다. '사적인서점'은 책 처방사와 1:1 대화를 통해 개인별 맞춤 책을 처방하는 프로그램을 운영하는 독립서점입니다. 2016년 시즌 1을 오픈했을 당시 독특한 책방 운영방식이 화제가 되면서, 책값을 포함한 상담료가 별도로 책정되어 책 한 권을 사는 데에 다른 서점보다 비싼 값을 지불해야 함에도 사전 예약을 통해 서점을 찾는 사람들이 많았습니다.

왜 사람들은 이 서점에 가기 위해 한 달이라는 시간을 기다렸을까요? 큐레이션 책방과 심리 상담소 사이의 성격을 가진 치유의 공간으로서 오롯이 나에게 집중하여 내 이야기를 들어주고 고민을 상담하는 한 시간 남짓한 '치유의 시간'이 이유일 것입니다. 조금 더 확대해 해석해보자면 책을 구입하는 것이 아니라 사람을 만나 소통하기 위해서 서점을 찾는 것이나 다름없죠.

온라인 공간과 오프라인 공간을 함께 운영하는 경우에는 매장 스태프의 역할도 아주 중요합니다. 오프라인 공간이 판매만을 위

예약을 통해 일대일 상담을 받고 알맞은 책 처방까지 받아볼 수 있는 '사적인서점'.

한 목적이 아닌 경험 공간으로 변화하고 있기 때문이죠. 보여지는 스태프의 모습, 말과 행동이 매장과 어우러지고 '브랜드스럽게' 느껴져야 합니다. 또한 스마트한 요즘 소비자들에 대응할 수 있도록 브랜드와 제품에 대한 보다 전문적인 지식을 가져야 하고, 적당한 친절함으로 사람들이 공간을 편안하게 느낄 수 있도록 하여 오프라인을 통한 브랜드의 메시지를 정확하게 전달해야 합니다.

비대면 서비스가 대세인 시대에서 대면 서비스의 역할에 대해 트렌드 분석가 김용섭 소장은 '보편적인 서비스는 비대면으로, 특화되고 비싼 서비스는 대면으로 진행될 것이다.'라고 예측합니다. 이를 위해서 공간의 운영자는 스태프에게 전문적인 지식을 교육하고, 정확한 운영 매뉴얼을 수립해야 합니다. 또한 스태프에게 현장에서 빠르고 정확한 판단을 하여 상황에 맞게 대처할 수 있는 권한도 주어져야 하겠죠. 현장 스태프의 적절한 상황 판단력과 실행력이 뒷받침되어야 소비자에게 온라인과 차별화되고 감동을 주는 서비스를 제공하는 성장형 공간을 만들 수 있습니다.

스태프와 관련된 이야기를 조금 더 해볼까 합니다. 매장을 운영하는 업주는 본인을 포함하여 함께 일하는 스태프에게 '과잉 친절'을 강요해서는 안 됩니다. 물론 서비스를 제공하는 사람은 기본적으로 서비스 마인드를 갖춰야 하죠. 서비스 마인드는 소비자의 행동을 변화시키고, 감성을 자극하여 브랜드와 공간에 대한 만족감을 느끼게 하는 중요한 요소입니다. 아르바이트라도 일을 하고 있는 순간에는 직업인으로서 의무를 다해야 하죠.

그러나 안타깝게도 이런 서비스 마인드를 바탕으로 한 친절이 항상 긍정적인 피드백을 불러오는 것은 아닙니다. 블랙 컨슈머 Black Consumer 나 상식이 통하지 않는 사람들은 이유 없이 스태프에게 상처 주고 같은 공간에 있는 다른 손님을 불편하게 하거나 영업을 방해하는 행위도 서슴지 않습니다. 그런 상황에서 본인과 스태프를 지키는 것은 매장을 운영하는 업주의 몫입니다.

한동안 사회는 서비스를 제공받는 사람, 즉 소비자의 권리에 대해 더 민감하게 반응했지만 최근에는 서비스를 제공하는 사람의 정당한 권리도 중요하게 여기는 사회적 분위기가 형성되고 있습니다. 배달 어플에 말도 안 되는 이유로 별점 테러를 하거나, 손님이라는 이유로 스태프에게 함부로 대하는 사람을 비판하고, 누군가의 악성 댓글이나 여론 조장을 객관화하여 바라보는 등 부당한 상황에 처한 사람을 돕는 일에 동참하는 사람들이 많아지고 있습니다. 착한 업주에게는 '돈쭐'을 내주는 행동력 있는 모습을 보여주기도 하죠.

그렇다면 적당한 친절은 어느 정도의 수위를 말하는 걸까요? 그에 대한 기준은 백종원 대표의 인터뷰에 잘 나타나 있습니다. 사업가이기 전에 한때 소상공인이었던 그가 겪은 실제 상황을 토대로 한 내용이어서 좀 더 현실감 있게 다가오는 것 같습니다.

"지나친 친절은 반드시 반대급부를 만든다. 너무 오바하지 말아라. 내 마음이 허락하는 정도의 친절만 베풀어라."

적당한 친절이 불친절을 의미하는 것은 결코 아닙니다. 진심이 담긴 친절은 겉으로 보이는 강도가 세지 않아도 상대방이 충분히 느낄 수 있습니다. 영혼 없는 눈빛과 무표정한 얼굴로 말뿐인 친절을 베풀기보다 진심이 담긴 적당한 친절이 나와 소비자를 더 오랫동안 연결해줄 수 있습니다. 오프라인 공간은 '사람'이 모이고 '사람'들의 교류로 인해 만들어지기 때문에 언제나 '사람'이 가장 중요합니다. 서비스를 제공받는 사람, 제공하는 사람 모두가 중요하죠. 나의 일터에서 함께 일하고 있는 스태프를 배려하고 그들이 기분 좋게 일할 수 있는 환경을 만드는 것은 곧 내 일터의 환경이 좋아지는 것임을 잊지 말아야 합니다.

어떻게 느끼느냐는 개인마다 다른 경험을 기반으로 한 주관적인 해석과 판단의 영역이기 때문에 모두를 만족하게 하는 공간이나 서비스를 만들 수는 없습니다. 그러나 최대한 많은 사람이 우리가 의도한 대로 느끼고 경험할 수 있도록 공간을 만들어가는 것을 목표로 해야 합니다. 오프라인에서 충족시킬 수 있는 감성의 영역과 온라인의 이성적 요소가 합쳐져 비로소 하나의 브랜드가 완성될 수 있습니다.

結局 自然으로,
도시 여행자를 위한 공간

길어진 코로나 사태로 일상이 온라인으로 채워지고 비대면 서비스가 늘어나면서 일방적인 소통으로 인한 공허함과 디지털기기의 사용 증가로 인한 무기력감을 호소하는 사람들이 늘어나고 있습니다. 자발적 혹은 비자발적 고립으로 우울해진 사람들이 늘어나면서 외부로 나가 자연에서 힐링하고 싶은 욕구도 자연스럽게 늘어났죠. 탁 트인 넓은 자연은 타인과의 접촉을 줄일 수 있어서 선호하는 사람들이 많아졌습니다. 물론 예전에도 힐링을 원하는 사람들은 본능적으로 경치가 좋은 곳이나 탁 트인 바다, 수풀이 우거진 수목원 등 도심을 벗어나 자연에서 여행을 하곤 했었죠. SNS에 '힐링', '힐링여행'을 검색하면 산이나 바다를 배경으로 한 인증샷을 쉽게 찾아볼 수 있습니다.

왜 우리는 오래전부터 휴식과 치유의 공간으로 자연을 찾았을까요? 실제로 물리적 공간이 치유와 회복에 미치는 영향에 대한 과학적 연구는 1984년 최초로 과학 전문지 〈사이언스〉에 발표되었습니다. 햇빛은 실제로 우리의 뇌와 몸에 흐르는 회로에 영향을 주어 기분과 면역체계에도 긍정적인 작용을 한다고 합니다. 자연광이 풍부하고 자연의 바람을 느낄 수 있는 공간에서 스트레스가 줄고 몸의 회복력이 좋아지죠.

지친 현대인들은 일상에서 벗어나고 싶은 욕구가 강해져 도시 안에서도 자연 친화적인 공간을 선호하게 되는가 하면 집 안에서도 반려 식물을 키우는 등 플랜테리어에 대한 관심이 높아지게 되었습니다. 또한 식물을 이용한 인테리어는 심리적 안정감을 주면서 미세먼지, 황사 등으로 오염된 공기를 정화하는 효과가 있어 상업공간과 주거공간에서 모두 적용할 수 있는 트렌드가 되었습니다.

서울 여의도에 위치한 '현대백화점 더현대 서울'은 기존 백화점의 공식에서 벗어난 새로운 모습의 백화점을 시도하여 오픈 직후부터 줄곧 화제가 되고 있습니다. 축구장 13개를 합친 규모의 이 대형 백화점은 천장이 유리로 만들어져서 내부까지 햇빛이 들어옵니다. 거대한 정원 같은 '사운즈 포레스트'와 인공 폭포가 있는 '워터폴 가든' 등 자연의 요소를 전체 공간의 50%가 넘게 배치하기도 했죠. 빽빽하게 매장으로 채워졌던 이전의 백화점을 경험해온 소비자들에게 쇼핑과 휴식의 공간을 함께 제공하는 '미래형 백화점'을 제안하여, 오픈과 동시에 핫플레이스로 자리 잡았습니다.

백화점의 새로운 모습을 시도하며 화제가 된 '현대백화점 더현대 서울'.

이런 자연 친화적인 백화점, 쇼핑몰 등은 유통업계의 변화된 트렌드입니다. 답답한 도심 속 힐링 공간을 만들기 위해 백화점 내에 '가드닝 디스플레이'를 연출하고 매장 안에서 식물을 판매하거나 관련된 전시를 하죠. 코로나로 인한 유통업계의 불황을 타파하기 위한 자연 친화적 공간이 점차 늘어나고 있습니다.

소위 '~뷰view'라고 얘기하는 외부 환경은 공간으로 사람을 끌어들이는 중요한 요소 중 하나입니다. 오션뷰나 마운틴뷰에 이어 요즘은 '논밭뷰'가 인기를 끌고 있는데, 코로나 상황과 답답한 일상에서 벗어나 한적한 시골의 탁 트인 시야와 자연 풍경을 즐기는 색다른 경험을 할 수 있어 많은 사람이 찾아가는 공간이 되었습니다. 누군가에겐 과거에 대한 회상을, 누군가에겐 책에서나 보던 모습을 실제로 보고 만져볼 수 있는 기회를 주어 전 연령층에 어필하고 있죠. 이렇게 자연과 함께 하는 공간에서는 연관된 제품이나 서비스를 판매하는 것이 공간에 대한 몰입도를 높여주어 소비자에게 일상을 벗어난 색다른 경험을 제공하게 됩니다. 예를 들어, 시그니처 메뉴로 지역에서 재배되는 특산품을 사용하는 것도 좋은 방법입니다. 지역의 특성을 살린 로컬 매장이 되는 것이죠.

반면, 매장이 빌딩으로 가득한 도심이나 빼곡한 상업 시설 가운데에 있거나 주변 건물과의 거리가 가까울 경우에는 창을 통해 보이는 매장의 외부 환경이 사람들에게 볼거리를 제공해줄 수 없습니다. 그리고 이는 소비자가 공간에 머무르는 시간에 영향을 주게 됩니다. 오래 머무르고 싶은 공간은 다시 찾는 공간이 되고 사람을 끌어들이는 공간이 될 수 있지만, 사람이 흐르는 공간은 개선할 점을 파악하여 공간의 환경을 보완할 필요가 있습니다.

지금처럼 마스크가 일상이 된 상황에서는 후각을 통한 공간 분리가 사실상 불가능합니다. 이런 상황에서는 시각적인 요소를 더 강화하여 공간에 집중도를 높여야 하고, 외부 환경에서 기대할 수 없는 반전 무드로 외부와 내부 공간을 분리해야 합니다.

서점이자 카페인 혜화동의 '어쩌다 산책'은 바쁘게 움직이는 도시 한가운데에 마치 '이상한 나라의 앨리스'에서 나온 토끼굴 같은 공간입니다. 일반적인 건물과 별반 다르지 않은 외관의 건물에 위치한 이곳은 지하로 내려가다 보면 점점 예상치 못한 다른 세상에 들어온 듯한 느낌을 줍니다. 지하 공간이 가진 단점을 자연광이 내부로 들어올 수 있게 중정으로 보완하였고 카페와 큐레이션 서점, 팝업 공간 등이 'ㄷ'자 형태로 배치되어 있습니다. 공간을 비워 자갈, 석재, 식물 등으로 작은 산책로를 만들고 내부 벽면을 거울로 마감하여 공간이 실제 크기보다 더 커 보이도록 연출했습니다. 공간에서 느껴지는 정갈함은 인테리어뿐 아니라 스태프의 착장이나 애티튜드로 연결되어 완성되며, 카페에 앉아 중정을 바라보면 잠시 시간이 멈춘 듯 고요함마저 느껴집니다. 나만 알고 싶은 아지트로 충분히 매력적인 공간이죠.

'어쩌다 산책'이 자연을 품은 공간이라면, 식물이 공간의 테마

어쩌다 보니 산책하고 있기도, 책을 사기도 하는 매력적인 공간 '어쩌다 산책'.

가 되는 경우도 있습니다. 대모산 끝자락에 위치한 '식물관 PH'는 식물과 사람이 함께 쉬는 고유한 경험의 공간이라는 콘셉트로 입장료를 내고 공간을 경험하는 복합문화공간입니다.

다양한 종류의 식물이 스틸 소재의 심플한 인테리어와 만나 식물 본연의 색과 형태를 충분히 느낄 수 있고, 높이 뻗어 있는 나무 화분이 군집으로 모여 있는 모습을 2층에서 내려다보면 마치 숲 한가운데에 있는 것처럼 느껴집니다. 그리고 자연광이 비치는 높은 천장과 2층까지 연결된 유리온실은 공간의 개방감을 극대화하여 마치 온실에 들어와 있는 듯한 착각에 빠지게 만들죠.

이 공간은 산 끝에 위치한 공간의 지리적 특성이 매장 내부로 연결되어 더 효과적인 경우라 할 수 있습니다. 외부 환경을 최대한 활용하여 직접 산을 보여주는 창을 만드는 대신 공간의 내외부 무드를 연결하여 자연 친화적 공간의 특성을 강화한 사례라 할 수 있습니다.

물론, 작은 매장은 식물이나 자연의 요소들을 배치할 때 공간의 효율성이 떨어지거나 동선을 방해하게 되는 경우가 있는데, 이런 점은 인테리어 컬러나 소재 등으로 보완할 수 있습니다. 예를 들어, 공간을 화이트, 아이보리 등의 베이스 컬러로 조성하고 그린 컬러를 포인트로 활용하여 실제 식물과 함께 연출하는 것이죠. 인테리어 소재를 우드계열로 하여 톤앤매너를 만들고 식물이나 자연 소재로 포인트를 주면 더 효과적으로 연출할 수 있습니다. 만약 기존에 운영하고 있는 매장에서 인테리어를 수정하지 않고 플랜테리어를 적용할 경우에는 공간 여기저기에 작은 사이즈의 화분을 놓는 것보다 지정된 위치에 집중적으로 모아두거나 동선을 방해하지 않을 정도로 규모가 큰 화분을 임팩트 있게 한두 개 두는 것이 좋습니다. 잘 연출된 식물 자체로 인스타그래머블한 요소가 될 수 있죠.

시각적인 요소와 함께 인공적이지 않고 은은한 숲의 향이나 아로마 향을 내는 디퓨져, 인센스 스틱을 두면 더 효과적입니다. 물소리, 새소리, 바람 소리 같은 자연의 소리가 더해진 음악이 함

께라면 자연 친화적인 무드를 연출하기에 더 좋습니다.

　일본의 가장 유명한 문화공간 '츠타야'를 만든 CCC 그룹의 마스다 무네아키는 오프라인 공간의 차별화 요소는 온라인에는 존재하지 않는 '편안함'이라고 말합니다. 자연광, 식물, 돌, 모래 등 우리가 자연에서 경험할 수 있는 이런 요소들이 오프라인 공간 안에서 구현된다면 사람들이 오래 머무르고 싶은 편안함을 주는 데 아주 큰 도움이 될 것입니다.

숲 한가운데 들어온 것처럼 느껴지는 복합문화공간 '식물관 PH'.

자연을 경험할 수 있는 공간
에서 사람들은 좀더 오래 머
무르고 싶고 다시 찾고 싶은
편안함을 느낀다.
(왼쪽부터) 브림커피, 산노루
제주점

따뜻한 자연광과 싱그러운
식물들로 넓고 높은 공간을
꽉채운 '맥심플랜트'.

part 2.

매일 새로운 오늘, 우리가 공간을 소비하는 법

오프라인 공간은 여러 가지 이유로 변화하고 있습니다. 사람들의 취향이 바뀌고, 공간의 역할이 바뀌고, 온라인 시장이 급격하게 커지고 있죠. 이전에 없던 기술이나 발전된 IT 기술이 오프라인에서 적용되기도 합니다. 앞서 코로나 이후에 나만의 브랜드를 만들거나 운영하면서 염두에 두어야 하는 변화에 대한 이야기를 했다면, 이번 장에서는 현재 오프라인에서 펼쳐지고 있는 공간의 변화들에 대해 살펴보겠습니다.

오프라인의 변화는 코로나로 인해 더욱 앞당겨졌을 뿐 언젠가는 일어날 일이었습니다. 많은 기사나 책을 통해서 세상이 빠르게 변하고 있다고 느끼고 나만 뒤처지는 것은 아닐까 하는 두려움이 들 수 있겠지만, 우리가 반드시 리딩 브랜드(Leading Brand)가 되어야 하는 것은 아닙니다. 앞으로 소개할 브랜드와 공간들은 오프라인 공간의 변화에서 앞서 나가고 있는 곳들입니다. 오프라인에서 어떤 변화가 일어나고 있는지 살펴보고 내가 적용할 수 있는 것은 무엇인지, 나아가 나만의 방식으로 적용하기 위해서는 어떻게 해야 할지 함께 고민해봅시다.

1
우리는 취향을
쇼핑하러 갑니다

"나는 오늘도
예쁘고 비싼 쓰레기를 샀다"

요즘 본인의 취향을 드러내는 제품을 인증하는 사진을 SNS에서 쉽게 볼 수 있죠. 이런 아이템들은 대개 생활하는 데에 꼭 필요한 필수품은 아니면서 비싼 금액의 제품일 확률이 높습니다. 필요에 의해 구매하기보다 좋아하기 때문에 찾아가고, 구매한 것이죠. 개인의 취향이 점차 세분화되고 취향을 드러내는 것에 거리낌이 없는 요즘 소비자들은 새로운 '취향'을 찾는 것에 시간과 비용을 아낌없이 투자합니다. 그래서 특별하고 확실한 취향의 공간들도 점차 늘어나고 있죠.

특정 분야의 아이템만 집중적으로 모아놓은 아이템 큐레이션 매장은 특정 아이템으로 제품구성과 연출을 해서 공간 안에서 제품에 대한 집중도를 높이고, 호감을 가진 소비자들을 공간에 오래 머물도록 합니다. 이런 공간에서는 매장의 윈도우나 입구, 매장 내부 전면 등 중심이 되는 동선에 집중적으로 아이템을 진열하거나 연출하고, 연출을 위한 별도의 디스플레이 제작물이나 제품을 만들지 않아도 제품의 반복과 집중 진열만으로도 충분히 전문성이 돋보이는 연출이 가능합니다.

유럽 프리미엄 실을 판매하는 '바늘이야기' 연희동 매장은 제품을 판매하는 판매공간과 카페, 아카데미 등 뜨개질과 관련된 전문적인 내용을 취급하는 공간입니다. 매장에 들어서면 입구 벽면에 볼실을 컬러 그라데이션하여 연출한 것이 가장 먼저 눈에 띄고, 이것이 공간에 대한 모든 것을 설명한다고 해도 과언이 아닙니다. 2층까지 연결된 벽면에 그저 실을 놓아두었을 뿐인데 임팩트 있게 브랜드에 대해 표현하고 있습니다. 매장 내부 벽면에도 볼실을 집중적으로 연출하여 반복적으로 노출하고 있죠.

이처럼 매장 전면에 연출 공간이 있으면 사람들이 자연스레 매장 안쪽까지 들어오게 되고, 바늘이야기의 경우 카운터를 중심으로 매장 안쪽 공간에 집중도 있게 제품을 진열하여 매장 규모에 비해 동선이 복잡하지 않습니다. 코너마다 스태프가 있어서 제품 구매 시 추가 설명이나 추천을 받을 수도 있죠. 초보자도 어렵지 않게 도와줍니다.

아이템 큐레이션 매장에서는 전문 지식을 가진 스태프, 또는 제품에 대한 자세한 정보가 적혀 있는 POP 등이 중요합니다. 구

유럽 프리미엄 실을 판매하는 공간 '바늘이야기'.

매 전, 정보탐색이 필수인 취향 소비자들은 제품이나 브랜드에 대해 판매자보다 더 많이 알고 있을 수도 있기 때문이죠. 매장 내에 모든 스태프가 전문 지식을 갖기 힘들다면 적어도 한 명의 전문 지식을 가진 스태프와 매장 운영을 위한 스태프가 함께 근무하여 전문화된 소비자를 응대할 수 있어야 합니다. QR코드나 온라인 사이트, 인쇄물 등에 제품 정보를 제공하는 것에도 한계가 있고, 제공된 정보 이외에 추가적인 것을 요청하는 경우에 대비할 필요가 있기 때문입니다.

한 아이템을 여러 타입으로 베리에이션variation한 경우에는 서로 비교 가능한 정보만 제공해도 제품 선택이 가능합니다. 예를 들어, 내추럴 와인이라는 동일한 아이템에 대한 설명은 생략하고, 비교 가능한 속성에 대해 간략하게 표기만 해도 선택에 어려움이

치즈 큐레이팅 브랜드 '유어네이키드치즈' 성수동 쇼룸.

없습니다.

치즈 큐레이팅 브랜드 '유어네이키드치즈'의 성수동 쇼룸에는 내추럴 와인의 병마다 제품의 맛과 속성, 가격 등을 표기한 띠지가 부착되어 있습니다. 내추럴 와인을 양조하는 방식의 특성상 생산자와 재배 환경에 따라 다양한 맛을 내고, 기존 와인의 맛과 다른 특성을 보이는데, 매장 내에 있는 수많은 보틀에 부착된 띠지를 보면서 직접 와인을 선택하면 어려움이 없습니다. 선택이 어려울 땐 스태프에게 부탁하면 선호하는 맛이나 바디감 등을 고려

해 2~3개 정도의 내추럴 와인을 추천해줍니다. 구매를 결정하고 계산을 할 때 제품에 대한 자세한 설명을 해주거나 다른 제품을 추천해주기도 하는데, 이 과정을 통해 더 많은 정보를 제공하면서 취향 소비자와의 유대감을 쌓을 수 있습니다.

다른 예로, 전문성과 시간의 축적이 만들어낸 네덜란드 암스테르담의 '포스터뮤스 숍De Posthumus Winkel'은 1865년부터 직접 제작한 스탬프를 판매하고 있는 박물관 같은 매장입니다. 아주 오래전에 편지를 쓰기 위해 사용하던 실링 왁스sealing wax와 스탬프, 잉크 등을 판매하는 공간인데, 제품부터 공간까지 앤티크한 느낌이 듭니다. 이 공간은 그들의 아카이브이자 판매공간으로 오랜 시간 명맥을 이어오고 있습니다. 한때는 일상적으로 사용되던 것들이 지금은 특별한 무언가가 되었다는 것을 눈으로 직접 확인할 수 있는 공간입니다.

매장의 윈도우와 내부에는 실제로 오래전 우표를 만들 때 사용하던 기계와 전통방식의 스탬프, 실링 왁스 등을 연출해 그들의 역사를 드러내고 있습니다. 제품이 품목별로 진열되어 있어서 매장 입구부터 동선을 따라 전체적으로 살펴보게 되고 제품 구매 시에도 같은 품목을 쉽게 비교하여 구매할 수 있습니다. 이처럼 제품의 종류가 많을 경우, 너무 많은 선택지가 있으면 선택에 어려움을 느끼고 심지어 구매를 포기하는 경우가 생길 수 있어 제품을 품목별, 타입별, 속성별 등 명확한 기준으로 분류하여 진열해야

네덜란드 암스테르담의 스탬프 매장 '포스터뮤스 숍'.

구매 시 선택에 도움이 됩니다.

이전처럼 필요에 의한 구매만 하는 것이 아니라 좁고 깊은 취향을 즐기는 소비자가 늘어나면서 소비자들의 세분화된 취향과 관심사에 기업들도 마이크로 타깃팅micro-targeting을 하는 시대가 되었습니다. 예를 들어 '독립서점'이라 칭하는 큐레이션 서점도 이전보다 더 좁고 깊은 큐레이션이 가능합니다. 대형 서점의 분야별 코너처럼 여행, 시, 문학 등 취향이 적용되는 한 분야를 특정하여 집중적으로 판매하는 것이죠. '도제식빵'처럼 수많은 빵의 종류 중 하나인 식빵을 전문으로 하여 식빵과 곁들일 수 있는 잼이나 버터 등을 판매하는 브랜드도 생겼습니다.

모두를 만족시킬 수 있는 브랜드와 공간을 만들려고 하기보다 확실한 타깃을 정하고 좁고 깊은 그들의 취향에 맞춘 브랜드가되는 것이 공간을 오래 유지하는 데 중요한 요소 중 하나입니다. 공간의 크기와 상관없이 브랜드의 타깃과 콘셉트가 명확하지 않다면 그저 온갖 제품을 늘어놓은 만물상이 되어버리기 쉬우니 주의해야 합니다.

모두를 만족시키려다
아무도 만족시키지 못한다

앞선 사례들이 취향을 모아놓은 공간에 대한 이야기였다면, 지금부터는 공간 자체가 취향으로 소비되는 곳의 이야기를 해보겠습니다.

화려하고 트렌디한 것들이 넘쳐나는 세상에서 조금 다른 결의 무드를 선호하는 사람들의 취향저격 공간이 늘어나고 있습니다. 고요함이 느껴지는 공간에서 오래된 물건을 파는 '사유집'이나 공간 전체를 빈티지 오브제를 활용하여 연출한 '아케이드서울'이 그렇습니다.

'사유집'은 자연광이 창으로 들어오는 따뜻한 느낌의 공간입니다. 세월의 흔적이 느껴지는 골동품과 식물, 국내외 작가들의 작품이 그에 어울리는 음악과 향에 더해진 공간이죠. 획일적이지 않은 제품들이 자유로운 듯 놓여 있지만 전체적인 무드가 그들을 한 그림 안에 그려내는 매력적인 공간입니다.

고요함이 느껴지는 공간에서 오래된 물건을 파는 '사유집'.

판매하고 전시하는 제품의 형태나 소재 등이 모두 다르기 때문에 매장 인테리어는 톤앤매너를 맞춘 컬러와 소재로 차분하게 마감하고, 고가구에 제품을 그룹핑하여 진열, 연출함으로써 자칫 산만해 보일 수 있는 점을 보완했습니다. 고가구를 공간에 깊이를 더해주는 오브제로 활용하고 있는 것이죠. 여기에 신중하게 고른 음악과 인센스가 공간에 더욱 집중할 수 있도록 하는 역할을 합니다. '사유집'은 트렌디하고 유행에 민감한 동네에서, 오랜 세월을 지나 각자의 이야기를 품고 있는 제품을 담아내는 공간 그 자체로 취향이 되는 곳입니다.

마찬가지로 홍대에 오픈했던 '아케이드서울'은 심플한 인테리어에 트렌디한 제품을 오리엔탈 무드 소품과 연출로 완성한 공간입니다. 공간에 연출된 오브제는 운영자의 취향이 담긴 수집품과 결이 같은 작품들로 채워져 공간 전체가 거대한 전시장 같은 느낌을 주고, 3층 실내에 심은 소나무는 4층 카페로 연결되어 마치 한 폭의 동양화를 보며 커피를 마시는 듯한 경험을 할 수 있습니다. 도시인들의 감각적인 배회지를 표방하는 공간인 만큼 쇼핑 매장으로서 시도하기 힘든 파격적인 구성이 인상적이었죠. 전체 공간에서 판매 제품이 차지하는 비율은 20%이고 나머지는 여백으로 남겨 둔 것입니다. 여백 안에 그들의 취향이 더해지면서 쇼핑을 하며 그들의 아카이브를 둘러보는 것 같은 느낌마저 듭니다. 이런 과감함을 결정하고 실행하는 공간이 많아지면 소비자에게

19세기 파리 아케이드에서 영감을 받은 공간 '아케이드서울'.

이전보다 다양한 경험을 제공하여, 그들이 더 다양한 취향을 만들 기회도 많아집니다.

취향이란 '하고 싶은 마음이 생기는 방향 또는 그런 경향'이라는 뜻입니다. 그래서 누군가에게 취향을 판매한다는 것은 운영하는 주체가 그 취향 자체여야 한다고 생각합니다. 다른 사람에게 무언가를 추천한다는 것은 전문성을 기반으로 한 운영자의 풍부한 경험이 더해질 때 진정성을 가질 수 있고, 다른 사람의 마음을 설득할 수 있습니다.

전시회장이 된 카페,
예술작품이 된 디저트

"이제 소비자들은 굳이 오프라인 매장에서 쇼핑하지 않는다."고 말하는 사람들이 많아지고 있는 요즘, 마치 시대에 역행하듯 오프라인 공간에 공을 들이는 기업들이 있습니다. 그들이 계속해서 오프라인 공간에 실험적인 시도를 하는 이유는 무엇일까요? 지금 당장 오프라인 매장에서 매출을 기대할 수 없더라도 오프라인 공간에서의 색다른 체험과 직접적인 경험을 통해 소비자와 소통하는 플랫폼이 되기 위한 선행 작업일 것입니다. 다른 브랜드와의 차별화를 위한 요소로 활용할 수도 있죠.

여기 전시장인지 쇼핑 매장인지 알 수 없는 공간이 있습니다. 공간을 전체적으로 천천히 살펴보며 시간이 좀 흘러야만 공간에 익숙해져 상품이 눈에 들어올 정도로 파격적인 공간이 최근 도산 공원 인근에 '하우스 도산'이라는 이름으로 오픈했습니다. 이곳은

하나의 거대한 전시장처럼 꾸며진 '하우스 도산'.

다양한 작품 오브제, 매장 한가운데를 돌
아다니는 로봇, 자연광과 키네틱아트가
한데 어우러지는 공간. '하우스 도산'은
'일상에서의 낯선 경험'을 제공한다.

매장마다 파격적인 콘셉트를 선보이는 아이웨어 브랜드 '젠틀몬스터'의 모기업 '아이아이컴바인드'에서 전개하는 브랜드들이 '퓨처 리테일future retail'이라는 콘셉트로 모여 있는 복합매장입니다.

뷰티 브랜드 '탬버린즈'와 '젠틀몬스터', 그리고 디저트 브랜드 '누데이크'가 4층부터 지하 1층까지 입점해 있으며, 각 층에는 다양한 작품과 오브제들이 컨셉추얼하게 연출되어 있습니다. 층별로 제품군이 구분되어 있어서 쉽게 쇼핑할 수 있죠. 이 공간에서는 전시장이나 박람회에서나 볼 수 있는 로봇이 매장 한가운데를 돌아다니고, 자연광과 키네틱아트kinetic art가 만나 우아한 느낌을 연출하는 생경한 장면들이 눈앞에 펼쳐집니다. 그야말로 '일상의 낯선 경험'을 직접 해볼 수 있습니다.

물론, 젠틀몬스터가 오프라인에만 힘을 쏟는 것은 아닙니다. 그들의 온라인 사이트에서는 '누테이크 하우스 도산'을 온라인으로 경험할 수 있는 VR을 체험해볼 수 있고, 독특한 공간만큼 감각적인 아트 필름을 감상할 수도 있습니다. 그들이 선보인 국내외 오프라인 공간과 그 안에 전시된 작품 설명도 확인할 수 있습니다.

2014년 런칭 이후, 유니크한 제품과 실험적인 체험형 매장으로 화제가 되고 있는 패션 브랜드 '아더에러'도 최근 가로수길에 '아더 스페이스 3.0'을 선보였습니다. '물질과 빛'이라는 메인 테마로 미디어아트, 오브제 등을 통해 고유의 방식대로 공간을 표현한 오프라인 공간에 글로벌 아티스트들과 협업하여 만든 그들만의 우주로 사람들을 초대하고 있습니다. 패션, 액세서리를 판매하는 공간에서는 소재의 믹스, 테마가 있는 피팅룸 등 볼거리 가득한 인테리어와 다양한 예술작품이 만나, 마치 전시를 보는 느낌이 듭니다.

그들이 운영하는 카페 '텅플래닛'도 마찬가지로 특유의 컬러풀하고 유니크한 공간 속에 머무르는 재미가 있습니다. 관람 동선 마지막에 볼 수 있는 무빙 비전 아트워크는 오프라인 공간에서만 느낄 수 있는 생생한 공간감을 선사합니다.

공간 전체를 관통하는 그들만의 콘셉트는 각기 다른 표현 방식으로 맥락 안에서 표현되고 있으며, 강력하고 독보적인 콘셉트의 공간은 소비자들에게 즐거움과 오감을 만족시키는 경험을 제공합니다. 브랜딩을 위한 공간으로 활용되고 있는 것이죠.

옷이나 선글라스를 판매하는 공간에 왜 미디어아트와 키네틱 아트 오브제가 있을까요? 오프라인 매장에 설치된 예술작품과 오브제, 독특한 인테리어 콘셉트는 브랜드가 소비자에게 전달하고자 하는 브랜드의 정체성을 이야기하는 표현 방식으로 사용되고 있습니다. 그리고 그들의 공간에서 선보이는 디저트 카페 역시 브랜드 고유의 방식으로 해석되어 또 다른 재미를 줍니다.

이렇게 독특한 개성의 오프라인 공간을 경험한 사람들이 매장에서 찍은 사진은 개인 SNS에 업로드되어 온라인으로 전파되고, 다시 사람들을 오프라인 공간으로 불러모으는 역할을 합니다. 오프라인과 온라인을 연결하는 것이죠.

'물질과 빛'이라는 테마로 공간
을 표현한 '아더 스페이스 3.0'.
글로벌 아티스트들과 협업하여
만들어낸 그들만의 우주로 모두
를 초대한다.

강력하고 독보적인 콘셉트의 '아더 스페이스 3.0'.

작은 가게에서 파는
적은 물건의 힘

이렇게 공간의 규모가 커지면서 예술 분야와 협
업하는 매장이나 브랜드가 있는가 하면, 최소한의 것으로 이야기
를 전달하는 브랜드도 있습니다. 5평 남짓한 공간에서 한 권의 책
만 판매하는 세상에서 가장 작은 서점에 대한 이야기입니다.

도쿄 긴자에는 매주 한 권의 책을 소개하는 '하나의 책, 하나
의 공간'이라는 테마의 서점이 있습니다. 간판도 없고 특별한 인
테리어 디자인도 없는 '모리오카 서점Morioka Shoten'은 2015년 문
을 연 이후 언제나 사람들의 발길이 끊이지 않습니다.

서점에서는 큐레이팅한 책 한 권에 담긴 스토리나 연관된 전
시를 함께 보여주고 있습니다. 때론 작가가 직접 상주하여 독자와
교감하는 등 작가가 책을 통해 하고자 했던 이야기를 충실히 전달
하는 '공간의 역할'을 하고 있죠. 대형 서점처럼 많은 종류의 책을
팔기보다 책 한 권에 얽힌 다양한 이야기를 서점이라는 공간에서

음악, 사진, 저자와의 북 토크 등을 통해 전하고 있는 이곳을 누군가는 '가장 큰 한 권의 책'이라고 표현하기도 합니다.

취향을 설계하는 '츠타야 서점'이 큰 규모의 공간에서 책과 음악, 커피, 생활용품 등 다양한 라이프스타일을 제안하고 판매한다면, 이곳은 어쩌면 가장 좁고 깊은 큐레이션 서점이라 할 수 있겠

단 한 권의 책을 판매하는 '모리오카 서점'.

습니다.

'모리오카 서점'은 국내에서 동네 책방이 붐을 이뤄 생겼던 시점에 답사를 위해 방문했던 사람들을 통해 소개되었습니다. 도쿄 여행에서 가볼 만한 곳으로 소개되면서 국내에 많이 알려지게 되었죠. 해외 각국의 여행객이 방문하는 관광지이자 로컬 소비자들의 취향저격 공간인 초소형 서점 '모리오카 서점'은 누구나 믿고 책을 구매하는 서점으로 자리 잡았습니다.

우리나라 서촌에도 '한권의 서점'이라는 초소형 서점이 있습니다. 이곳은 전국 각지의 매력적인 스테이 공간을 큐레이션하여 소개하는 플랫폼인 '스테이폴리오STAYFOLIO'에서 운영하는 공간으로 매월 한 권의 책을 소개하고 전시하는 방식은 모리오카 서점과 비슷하지만, 책을 판매하는 공간이자 스테이폴리오에서 진행하는 서촌 유희 프로젝트의 호텔 컨시어지로 서촌을 소개하고 안내하는 사랑방이자 독서 모임, 요가 클래스, 영상회 등 책과 관련된 오프라인 프로그램을 운영하는 장소이기도 합니다. 책을 매개로 한 다양한 활동들이 온·오프라인을 연결하고 사람을 연결하는 서촌 로컬 매장으로서의 역할을 하고 있는 것입니다.

표현 방식이 대비되는 사례를 통해 알 수 있는 것은 오프라인 매장을 통해 소비자와 소통하는 방식에는 정답이 없다는 것입니다. 관람하고 즐기기 위한 공간은 온라인에서 경험할 수 없는 직접적인 체험을 극대화하여 브랜드의 가치와 정체성을 표현하고, 당장의 매출보다 장기적인 브랜드 이미지를 만들어냅니다. 일종의 투자인 셈이죠. MZ세대와 소통하고 그들의 호기심을 자극하기 위한 마케팅 수단입니다.

그런가 하면 마이크로 타깃팅을 통해 만들어진 매장은 소비자와의 정서적인 유대감을 통해 믿고 사는 매장이 되고, 온·오프라인을 통한 다양한 콘텐츠의 매개체이자 플랫폼 역할을 하고 있습니다. 이렇게 다양한 스타일의 인스타그래머블한 오프라인 공간은 온라인으로 확산되어 다시 오프라인으로 사람들이 찾아오게끔 하는 연결점이자 브랜드의 실체가 되는 구심점 역할을 합니다.

2

물건을 팔지 않는
상점들

침대를 사지 않아도
계속 가고 싶은 침대 매장

공간을 통한 브랜딩은 1990년대 후반부터 확산된 '플래그십 스토어flagship store'가 시작이었습니다. 플래그십 스토어란, 소비자 반응이 좋은 브랜드를 중심으로 아이덴티티를 극대화하여 표현한 공간에서 제품이나 서비스를 구매하고 체험하는 매장입니다. 최근에는 더 나아가 오프라인 공간을 통해 그들만의 방식으로 소비자와 소통하는 복합문화공간이자 콘셉트 스토어concept store의 형태로 발전하고 있죠. 소비자에게 전달하고자 하는 가치를 표현하기 위해 서로 다른 분야를 한 공간에 모으기도 하고 독특한 콘셉트나 테마의 오프라인 공간을 만들거나, 문화적 요소를 통해 경험의 장을 제공하여 기업의 가치와 세계관을 전달하기도 합니다. 소비자가 참여하는 참여형 제품과 브랜드를 연상케 하는 제품을 판매하는 등 다양한 방식으로 소통하고 있습니다.

여러분은 살면서 침대매장에 몇 번이나 가보셨나요? 수면 전문 브랜드 '시몬스'가 2018년 이천에 오픈한 복합문화공간 '시몬스 테라스점' 같은 침대매장이라면 한 달에 몇 번씩도 갈 수 있을 것 같습니다.

시몬스 테라스점은 다양한 경험과 브랜드 취향이 반영된 '소셜 스페이스social space'를 지향하는 공간인 만큼 '그린 콘셉트green concept'가 주는 편안함을 바탕으로 합니다. 그들의 헤리티지와 브랜드 스토리를 소개하는 박물관과 수면연구에 대한 고민을 엿볼 수 있는 R&D 센터, 다양한 라이프스타일에 어울리는 제품을 연출해 놓은 쇼룸, 다양한 굿즈를 판매하는 소품숍 등 브랜드의 과거와 현재를 보여주는 공간과 브랜드의 미래가치를 위한 공간들로 구성되어 있죠.

오픈 당시에는 아티스트 장 줄리앙Jean Jullien의 전시와 곳곳에 그려진 그의 작품이 공간 전체를 '문화가 있는 공간'으로 느끼게 해주었고, 이후 코로나로 인한 여행의 목마름을 VR로 대체할 수 있는 가상 여행 전시를 개최하는 등 다양한 공간 마케팅 활동을 하고 있습니다. 그리고 매년 열리는 '파머스마켓'은 이천의 지역주민과 소비자를 연결하는 플랫폼 역할을 해주고 있습니다. 이는 팝업 스토어인 '시몬스 하드웨어 스토어'에서 이천 쌀을 판매했던 이유와 같습니다. 지역사회와의 상생을 위한 기업의 노력인 것이죠.

감각적인 팝업 스토어와 광고, 복합문화공간을 통한 브랜드 경험 기회 제공 등 공격적인 마케팅은 매출 상승이라는 눈에 보이

다양한 라이프스타일에 어울리는 제품을 연출해놓은 '시몬스 테라스점'의 쇼룸.

제품을 판매하는 것이 아니라 브랜드를 경험하게 하는 것이 목적인 '시몬스 테라스점' 잔디마당.

는 결과로 나타났고, 이는 구매력이 커진 젊은 소비자를 대상으로 한 여러 활동의 성과라 할 수 있습니다.

비슷한 예로 서울 한복판에 제품을 사지 않아도 눈치 보지 않고 즐거운 시간을 보낼 수 있는 매장들이 계속해서 생겨나고 있습니다. 물론, 실적과 영업이익의 측면에서 보면 도심에 위치한 '제품을 판매하지 않는 매장'은 효율성이 제로, 아니 마이너스일 수밖에 없습니다. 심지어 오프라인의 필요성이 의심받는 이 시점에 볼거리, 즐길 거리가 가득한 '복합문화공간'들이 생겨나고 있는 것이죠.

황지영 교수의 책《리스토어》에서 언급된 진화한 리테일의 형태 중 하나인 '리테일 랩retail lap', 즉 실험의 장으로 사용되는 복합문화공간은 소비자에게는 신선한 경험을, 기업에게는 소비자 데이터를 축적하여 분석할 수 있는 기회를 줍니다. 브랜드의 가치를 직접 보고, 듣고, 만지고, 맛보고, 느끼는 오감 체험의 공간은 개인의 경험과 체험을 중요하게 생각하는 요즘 소비자들이 혹할 만한 다양한 경험을 제공하는 플랫폼 중 하나가 되었습니다.

이런 복합문화공간은 오감을 통해 브랜드의 이미지를 심어주는 데 더없이 좋은 도구가 되고, 공간을 체험하고 싶은 사람들을 오프라인 공간으로 끌어들이는 역할을 하여 기업들의 투자가 계속되고 있습니다.

여기 MZ세대가 열광하는 복합문화공간이 있습니다. 여러분은 통신사 오프라인 매장에 어떨 때 가시나요? 통신사 오프라인 매장은 주로 휴대폰을 개통하거나 서비스 가입을 하기 위해 가죠. 그런데 강남역 LG 유플러스 '일상비일상의틈'은 책을 사러 가거나 사진을 찍으러 가는 통신사 매장입니다. 어느 공간보다 바쁘게 흘러가는 강남대로에서의 일상에 생겨난 일상적이지 않은 '틈'으로, 오픈 초기부터 지금까지 꾸준한 화제성을 지닌 공간입니다. 소비자는 다양한 체험을 통해 공간을 즐기며 시간을 보내고, 통신사는 공식 앱을 사용하여 로그인한 정보, 얼굴 인식 카메라를 통해 데이터를 수집하죠. 서로의 니즈가 충족되는 곳입니다. 그리고 공간 안에 자사 제품에 대한 홍보와 제품 체험을 자연스럽게 섞어 미래의 소비자들에게 홍보하는 것도 잊지 않고 있습니다. 공간의 주 타깃층인 젊은 소비자의 접근이 용이하도록 강남역에 위치하여 지나가다 들를 수 있는 소통의 창구로 활용되고 있으며, 강남에서 보기 힘든 독립서점과 체험형 공간, 사회적 이슈를 다룬 다양한 주제의 전시 등 MZ세대들이 좋아하는 문화적 요소들이 가득합니다.

들어가는 순간 단절된 세계로 빨려들어가는 듯한 느낌을 주는 복합문화공간 '일상비일상의틈'.

공간에 대한 관심이
브랜드로 연결되는 선순환

그렇다면 '맛'을 파는 기업이 브랜드를 체험할 수 있도록 하는 방법은 식당을 개업하는 것일까요? 맛있어 보이는 식당을 만드는 것일까요? 식품 회사 '오뚜기'는 '롤리폴리 꼬또'라는 복합공간으로 오뚜기스러운 맛을 전하고 있습니다. 온·오프라인 마트를 통해 접하던 브랜드가 전용 오프라인 공간에서 브랜드스러움을 표현하는 방식은 (개인적인 의견이지만) 조금 예상을 벗어난 것이었습니다. 기존에 오뚜기가 팝업 스토어를 열거나 굿즈를 만들 때 보여주던 방식과는 너무도 달라서 오히려 신선한 느낌이 들었죠. 사전 정보가 없었다면 세련된 느낌의 트렌디한 복합공간으로 느껴질 만한 공간을 만들어 브랜드의 색다른 모습을 경험하게 했습니다.

오뚜기가 복합공간을 통해 판매하는 것은 단순히 라면이 아닙니다. 사람들이 브랜드를 체험할 수 있는 경험의 장으로서 오프

'오뚜기'의 브랜드 체험장 '롤리폴리 꼬또'.

라인 공간을 만든 것이지, 이 매장을 통해 그들이 외식업에 진출했다고 할 수는 없습니다.

자사 제품을 활용한 메뉴들과 최근 유튜브에서 이슈가 된 레시피를 적용한 메뉴는 이곳이 음식으로 소비자와 소통하며, 때론 메뉴를 개발하고 테스트하는 실험실의 역할도 한다는 것을 알려

화장품 브랜드 '미샤'가 시도한 카페 '웅녀의 신전'.

줍니다. 오프라인 공간을 통해 브랜드와 소비자가 긴밀하게 연결되어 있다는 것을 알려주는 이 공간에서 앞으로 어떤 방식의 소통이 이루어지게 될지 무척이나 기대됩니다.

코로나로 인해 존폐위기에 놓이게 된 화장품 로드숍도 신제품 개발, 신사업 진출, 온라인 강화, 그리고 위기를 기회로 전환하는 강력한 브랜딩 작업 등 위기탈출을 위한 다양한 시도를 하고 있습니다. 사람이 더 이상 찾아오지 않는 매장을 폐점하지 않고 자사 제품을 홍보하는 공간으로 탈바꿈한 '미샤'의 카페 '웅녀의 신전'이 대표적입니다.

'웅녀의 신전'은 그 자체로 강력한 콘셉트가 돋보이는 공간이면서 주력 제품의 원재료인 쑥을 단군신화로 표현한 콘셉트 카페입니다. 동굴 내부를 모티브로 한 인테리어 마감과 환웅이 처음 하늘에서 내려왔다고 전해지는 신단수, 실제 동굴처럼 물이 떨어지는 연출, 매장 내부 미디어 아트 공간, 그리고 디테일이 돋보이는 화장실까지. 어느 한 곳 콘셉트에 소홀하지 않고 충실하게 표현된 공간입니다. 이곳에 가보면 공간의 콘셉트와 표현 방식에 놀라고, 이곳을 만든 기업이 우리가 잘 아는 화장품 브랜드라는 점에서 한 번 더 놀라게 됩니다. 공간 자체에 대한 인기와 관심이 공간을 만든 브랜드로 연결되는 선순환이 이루어지고 있는 것이죠. 처음에는 매장의 남은 계약기간 동안 운영할 계획으로 만들어진 단기 홍보용 공간이었으나, 최근 SNS에서 색다른 경험을 할 수 있는 핫플레이스로 등극하며 뜻밖의 인기를 얻게 된 성공적인 마케팅 사례라 할 수 있습니다.

이처럼 지나치게 많은 정보와 홍보물에 노출되어, 노골적인 홍보나 판매 활동에 반감을 가진 요즘 소비자들의 소비 성향에 맞춰 브랜드의 콘셉트나 이미지, 가치 등을 전달할 때 직접적인 브랜드명이나 판매 제품을 노출하지 않고 우회적으로 표현하는 것은 변화하는 마케팅의 모습 중 하나입니다. 이런 변화는 기존 이미지에서 변신을 꾀하는 브랜드나 아직 많이 알려지지 않은 브랜드에서 선입견 없이 제품과 서비스를 홍보하면서도 강력한 브랜드 이미지를 구축할 수 있는 좋은 기회입니다.

그 매장에서 살 수 있는 것은
오로지 경험뿐이다

지갑을 열고 싶어도 열 수 없는, 오로지 체험만을 위한 체험형 공간들이 많아지고 있습니다. 직접적인 체험이 가능하다는 오프라인 공간의 장점을 최대한 활용하여 브랜드의 아이덴티티와 헤리티지, 그리고 새롭게 제안하는 서비스를 경험할 수 있는 '체험형 매장'에 대한 이야기입니다.

'체험형 매장'이 무엇인지 가장 정직하게 보여주는 공간은 아무래도 '아모레 성수'가 아닐까 생각합니다. 이 공간에서는 정말 체험만 할 수 있죠. 입구에 있는 물건보관함에 무거운 짐을 넣고 두 손 가볍게 입장하면 됩니다. 아모레퍼시픽의 과거 '태평양' 시절 광고와 제품부터 가장 최근 제품, 그리고 미래의 맞춤형 화장품 등을 경험해볼 수 있는 공간입니다.

자동차 정비소를 업사이클링한 아모레 성수는 뷰티 라이브러

사람들을 끌어들여 브랜드를 경험하도록 하는 '아모레 성수'.

리와 가든 라운지, 성수마켓, 플라워마켓, 그리고 '오설록' 카페로
구성되어 있습니다. 아모레퍼시픽 30여 브랜드의 3,000여 제품
중 구매할 수 있는 것은 성수토너와 맞춤형 화장품(예약 구매자에 한
함)밖에 없고, 모든 제품은 오로지 체험을 위해서만 구비되어 있
습니다. 원하는 제품을 공간 내 어디에서든 테스트해볼 수 있어서
마치 집에서 친구와 화장 놀이를 하듯 즐길 수 있죠. 가든을 바라
보며 휴식을 취하기도 하고 음료를 마시며 제품을 테스트해보는
등 다양한 방식으로 공간을 즐길 수 있습니다.

물론, 아예 제품을 구매할 방법이 없는 것은 아닙니다. 아모
레 성수에 셀프 체크인을 하면 쿠폰과 아모레퍼시픽 몰 할인권을
받을 수 있고, QR코드로 제품 정보를 확인할 수 있습니다. 마음에
드는 제품은 온라인 몰에서 할인권을 이용하여 구매할 수 있도록
유도하여 오프라인 공간을 이용하면서 온라인으로도 자연스럽게
연결되죠.

이렇게 아모레퍼시픽은 어디서 얼마나 머물러도 관여하지 않
는 놀이터 같은 공간을 제공하여 사람들이 마음껏 공간을 즐기며
브랜드를 경험하게 하고 전시회, 원데이클래스와 맞춤형 화장품
제조 등 직접 체험형 프로그램을 운영하기도 합니다. 브랜드의 아
카이브이자 쇼룸이면서 마케팅 공간으로서 사람들을 끌어들여 브
랜드를 경험하도록 하는 것이죠.

여기 핫플레이스가 된 또 다른 체험형 매장이 있습니다. 최근

재테크에 대한 높은 관심은 수많은 부린이(부동산과 어린이의 합성어)와 주린이(주식과 어린이의 합성어)를 탄생시켰고, 자녀에게 생일이나 명절 선물로 주식을 선물하여 어릴 때부터 경제 관념을 심어주고자 하는 부모님도 많아졌죠. 이런 사회적 분위기에 맞춰, 마치 쇼핑하는 것처럼 주식에 쉽게 접근할 수 있는 'NH슈퍼스톡마켓' 팝업 스토어가 화제입니다.

슈퍼마켓 콘셉트의 공간에서 가상의 시드머니를 제공받아 모의 투자를 할 수 있고, 보다 전문적인 정보가 필요할 경우 전문가와의 화상 상담으로 연결되는 서비스를 진행하여 단순히 즐길 거리를 제공하는 것을 넘어 주식에 대한 쉬운 접근과 긍정적인 인식을 심어주는 마케팅 공간의 역할을 하고 있습니다. 소비자는 이 공간을 통해 온라인 서비스를 오프라인에서 경험할 수 있습니다. 온·오프라인이 결합된 체험을 할 수 있는 것이죠. 또한 증권사는 이 공간을 통해 MZ세대 소비자를 대상으로 서비스를 직접 경험하게 하여 주식에 대한 진입 장벽을 낮추고 증권사의 미래형 오프라인 공간을 테스트하는 기회로 활용한 것입니다.

슈퍼마켓 콘셉트의 공간에서 주식 체험을 해볼 수 있는 'NH슈퍼스톡마켓'.

팬시 덕후들을 끌어모은
'모나미스토어'

브랜드를 경험하는 오프라인 공간을 조성하는 것은 브랜드와 소비자 간의 접점을 늘리는 과정 중 하나입니다. 만나면 만날수록 가깝게 느껴지는 것은 사람뿐 아니라 공간, 혹은 브랜드도 마찬가지죠. 그래서 소비자가 온·오프라인을 통해 좀 더 쉽게, 자주 브랜드와 만날 수 있는 환경을 만들어줄 필요가 있는 것입니다.

가구 브랜드 '이케아'는 대규모 창고형 매장으로 광명, 고양, 기흥, 동부산 등 4개 점포가 운영 중입니다. 브랜드의 인지도나 친숙함에 비해 매장 수가 적고, 규모가 커서 마음먹고 가서 오랜 시간을 들여 둘러봐야 하는 아쉬움이 있죠. 물론, 온라인 사이트에서 구매도 가능하지만 조립형 가구라는 제품의 특성상 조립 난이도나 크기, 컬러 등을 확인해본 후 구매하는 것이 안전하기 때문에 매장의 위치나 접근성에 대한 아쉬움이 큽니다.

홈 오피스, 홈 인테리어에 대한 관심이 높아지는 상황에서 집 콕 생활의 무료함을 유튜브나 '오늘의집' 같은 어플을 통해 해소하는 사람들이 늘고 있습니다. 집 고치기 영상이나 사진을 보고 제품 정보를 얻어 셀프 인테리어를 시도하는 사람들도 늘어나고 있죠. 이런 상황에서 이케아는 소비자와의 접점을 늘리기 위해 유동인구가 많고 접근성이 좋은 백화점 리빙관에 인테리어 전문가인 '홈 퍼니싱 컨설턴트home furnishing consultant'와의 상담을 통해 솔루션을 받아 제품을 주문하는 축소된 규모의 쇼룸 공간을 만들었습니다.

그리고 미래 소비자를 위한 투자 공간이자 브랜드의 철학을 표현하는 공간으로 성수동 할인매장 '성수낙낙'에 '이케아 랩' 팝업 스토어를 오픈했는데 가구를 직접 구매할 수 있는 매장과 쇼룸, 푸드 랩, 인테리어 디자인 오피스 등 브랜드를 다양하게 경험할 수 있는 공간이 가득합니다. 제품의 지속가능성을 체험해볼 수 있는 팝업 스토어를 만든 것이죠.

젊은 세대가 밀집한 지역인 성수동에 오픈한 이케아 랩 팝업 스토어는 방문자 분석결과 20~30대가 88% 이상이었습니다. 이곳은 또한 환경 오염과 관련된 전시를 통해 건강한 지구의 미래를 위한 지속가능성에 대한 화두를 던지고, 브랜드의 철학과 비전을 전달하는 체험형 공간이기도 합니다.

이케아는 지속가능한 일상을 위한 '응원해요! 당신의 작은 실천'이라는 캠페인의 메시지를 TV 광고, 온라인 바이럴 마케팅과 연계된 연출물이나 그래픽 등을 통해 전달합니다. 팝업 스토어에서 진행하는 온·오프라인 통합 이벤트를 통해서는 소비자의 참여를 유도하며 소비자가 브랜드의 현재를 체험하게 하고, 브랜드의 미래 가치를 전달하는 여러 가지 방법 중 대면 서비스와 직접경험을 선택해 소비자들의 머릿속에 강력하게 기억되도록 했습니다. 팝업 스토어에서 신상품을 소개하거나 매출을 만들어내는 등 지

금 당장 취할 수 있는 이득보다, 손끝으로 느꼈던 감각이 오래도록 기억에 남아 '이미지'화 되는 색다른 과정을 통해 미래 소비자들이 브랜드 이미지를 인식하는 데 힘쓴 것입니다.

'백 번 듣는 것이 한 번 보는 것만 못하다.'라는 속담이 있습니다. 한 번의 강력한 경험은 오랫동안 가지고 있던 고정관념을 깨는 기회가 됩니다. 이전에 경험할 수 없던 것이나 다른 곳에서 경

브랜드의 철학과 비전을 전달하는 체험형 공간 '이케아 랩 팝업 스토어'.

세상에 하나뿐인 잉크, 볼펜을 만들어볼 수 있는 '모나미스토어'.

험할 수 없는 것을 경험하는 방식으로 브랜드를 체험하는 공간은 오래된 브랜드에 대한 고정관념을 깰 수 있는 강력한 한 방이기도 하죠.

세상에 하나뿐인 나만의 잉크, 내가 원하는 색으로 꾸미는 나만의 볼펜. 문구회사 '모나미'에서 만든 체험형 공간 '모나미스토어'에서 살 수 있는 것들입니다. 실험실 콘셉트의 잉크 랩ink lab에서는 세상에 하나뿐인 나만의 잉크를 만들 수 있고, 흑백 볼펜의 상징과도 같은 모나미 153 볼펜을 내가 원하는 컬러 조합으로 커스터마이징customizing할 수 있습니다.

일반 문구점 매대에서만 만나던 '모나미'라는 브랜드를 새로운 공간에서 만나게 되는 것이죠. 세분화된 취향에 맞춰 직접 원하는 제품을 만들고, 펜을 사용하는 습관에 따라 만년필에 각인을 하고, 원데이클래스에 참여하는 등 브랜드를 다양하게 경험할 수 있습니다. 뿐만 아니라, 시중에서 쉽게 접하지 못하는 다양한 브랜드의 문구도 함께 판매하여 팬시 덕후들을 오프라인 매장으로 끌어들이고 있습니다.

또한 휴대폰, 화장품, 식음료 등 다양한 분야와의 콜라보 제품, DIY 키트와 프리미엄 제품 출시, 그리고 체험형 공간 등 다양한 형태의 마케팅 활동은 SNS를 통한 소비자의 자발적 인증으로 이어지고, 이런 새로운 경험은 모나미 브랜드에 대한 기존 인식 자체를 뒤집고 있습니다.

최근, 구경은 오프라인에서 하고 구매는 최저가 온라인 사이트에서 하는 쇼루밍showrooming 현상으로 인해 오프라인의 역할이 축소되었다고 말하는 사람들이 많습니다. 온라인과 오프라인을 별도로 생각한다면 물론 그럴 수 있습니다. 그러나 브랜드 전체로 바라봤을 때, 오프라인에서 제품을 사용해보고 온라인에서 구매할 경우 교환이나 반품이 줄어들 것이고 체험형 공간에서 테스트한 제품을 다른 지역의 오프라인 매장에서 구매할 수도 있습니다. 시간이 지난 뒤에라도 구매로 연결된다면 오프라인 공간은 충분히 제 역할을 한 것이죠.

온라인 서비스를 오프라인에서 경험하는 것은 제품을 구매하는 것보다 더 강력한 확신을 줄 수 있습니다. 대면 서비스를 통해 소비자의 반응과 니즈를 더 디테일하게 파악하여 온라인 서비스에서 부족한 부분을 보완하는 기회가 될 수도 있죠. 비대면 서비스가 확대되며 점점 더 일상화되고는 있지만 오프라인에서의 직접적인 경험을 통해 확신을 심어줄 수 있는 쇼룸 역할에 충실한 체험형 매장은 앞으로 다양한 분야에서, 계속해서 생겨날 것입니다.

단골을 넘어선
팬덤이 필요한 시대

"구르는 돌에는 이끼가 끼지 않는다."

이 속담은 여러 가지 의미로 사용되는데 '꾸준히 노력해야 한
다.'는 의미도 있고, '이것저것 하다 보면 하나도 제대로 얻지 못한
다.'는 의미도 있습니다. 매장을 운영할 때도 이 2가지 의미가 모
두 적용되는 것 같습니다. 물리적 공간은 멈춰 있는 것처럼 보이
지만 오가는 사람과 구성원, 달라지는 주변 환경, 의도적인 변화
등 여러 가지 요소에 의해 공간은 끊임없이 바뀝니다. '공간 마케
팅'은 이 중에서도 '의도적인 변화'에 대한 이야기입니다.

브랜드나 오프라인 매장은 단골을 넘어선 팬덤이 필요합니
다. 이는 브랜드나 공간을 지속할 수 있는 동력이며, 결코 저절로
만들어지는 것이 아닙니다. 다양한 방법으로 시도된 것들의 결과
물이 쌓여 브랜드의 차별화 요소가 되고, 여기에 꾸준함이 더해지
면 팬덤을 형성하는 기초가 됩니다. 이제 오프라인 공간은 수동적

으로 소비자가 찾아오길 기다리기만 해서는 안 됩니다. 지금 시대의 공간 마케팅은 계속해서 소비자들이 매장을 찾아와야 하는 이유를 만들어줘야 합니다. 온라인이나 SNS로 브랜드를 지켜보고 있던 사람들을 오프라인 공간으로 끌어낼 수 있는 방법이 바로 공간 마케팅입니다.

개인의 취향과 라이프스타일을 반영한 콘텐츠들이 모인 복합문화공간은 전시와 제품 판매, 커뮤니티 활동 등을 통해 예술과 문화가 접목된 소통공간으로서 공간에 담을 수 있는 콘텐츠가 다양한 만큼 새로운 경험을 원하는 요즘 소비자들이 많이 찾는 오프라인 공간의 형태입니다. 사람이 머무르고 누군가를 만날 수 있는 카페를 중심으로 하거나 포함하여, 하나 이상의 문화 콘텐츠가 덧붙여져 주기적으로 새로운 콘텐츠를 선보이죠. 사람들의 감성을 충전할 수 있는 취향 공간으로, 맞춤형 서비스와 콘텐츠의 결합을 통한 새로운 경험을 제공하고 있습니다.

취향을 반영하여 큐레이션한 영화를 소규모 영화관에서 상영하는 '스페이스독'과 '이스트씨네'는 지역을 기반으로 한 로컬 크리에이터들이 만든 복합 문화 콘텐츠를 경험할 수 있는 공간입니다. 문화 콘텐츠를 공간에 접목하고 표현하는 방법에도 차이가 있는데 '스페이스독'은 지하 1층 예술영화관 '라이카 시네마'부터 카페 '스페이스독', '스페이스독 스튜디오' 등을 운영하며 공간 전체가 트렌디한 요소들로 구성되어 있습니다. 각각의 공간이 구분되어 전문성을 지닌 독립공간으로 운영되고 있죠. 강릉의 '이스트씨네'는 영화관을 모티브로 하여 연출된 공간 안에서 영화를 보거나 잠시 머무를 수 있는 공간, 서점 등을 함께 구성하고 있으며, 별도의 공간에서 '영화로운 스테이'라는 1인 스테이를 운영하고 있습니다.

일반 영화관에서는 상영하지 않는 독립 영화나 단편 영화, 오래전 개봉했던 추억의 명작 등 차별화되는 콘텐츠로 구성된 독립 영화관과 영화 관련된 책들로 큐레이션된 서점, 전시, 카페, 공유 오피스(스페이스독), 그리고 1인 스테이(이스트씨네)까지. 취향을 반영한 문화 콘텐츠의 다양한 결합으로 이루어진 공간은 취향을 공유하는 사람들의 자발적 홍보를 통해 지역적 한계를 극복하여, 지역의 사랑방을 넘어선 취향 공간으로 자리 잡고 있습니다.

제품을 구매할 수 없는 곳에 반복적으로 사람들을 방문하게 하는 방법도 있습니다. 새로운 제품을 체험할 수 있게 하거나 다른 곳에서 경험할 수 없는 서비스를 제공하는 것이죠. 앞서 소개한 '아모레 성수'에서는 아모레퍼시픽 제품을 체험하도록 하는 장치들 외에도 소비자들이 공간에 지속적으로 방문할 수 있도록 하는 여러 전시와 이벤트 등을 진행하는데, 최근에는 개인이 직접 참여하는 커스터마이징 서비스인 '립 피커lip picker'와 '베이스 피커base picker' 서비스를 통해 상품을 만드는 과정에 소비자가 직접 참여하는 개인 맞춤형 화장품을 판매하고 있습니다.

강릉의 '이스트씨네'에서는 영화관을 모티브로 만든 공간
과 별도의 공간에서 이루어지는 영화를 매개로 한 다양
한 문화 콘텐츠 활동을 경험할 수 있다.

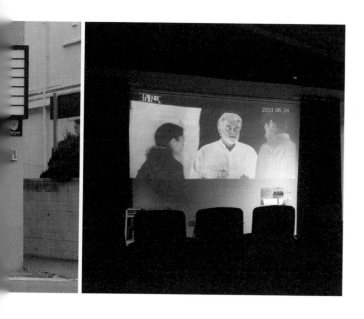

소규모 영화관에서 취향에 맞는 영화를 볼 수 있는 공간.
서대문의 '스페이스독'은 공간 전체가 트렌디한 요소들
로, 각각 전문성을 지닌 독립공간으로 운영되고 있다.

신제품을 가장 먼저 경험할 수 있고 아티스트의 전시와 다양한 콘텐츠를 즐길 수 있는 '아모레 성수'.

소비시장이 초개인화 되고 있는 상황에서 맞춤형 화장품이라는 아이템으로 소비자의 니즈를 충족하면서, 메이크업 전문가와 함께 직접 고른 제품이 눈앞에서 만들어지는 과정을 확인할 수 있어 위생에 대한 부분을 안심하고 구매할 수 있습니다. 로봇이 만들어주는 나를 위한 화장품을 구매하는 색다른 경험도 할 수 있죠. 이는 기성 제품을 판매하는 브랜드가 개인 맞춤화된 제품을 오프라인 공간을 통해 새롭게 선보이고, 소비자의 반응을 점검하면서 미래형 서비스와 제품을 테스트하는 공간 활용방법입니다. 이 외에도 테마가 있는 연출과 아티스트의 전시 등 다양한 콘텐츠와 아모레퍼시픽의 신제품을 가장 먼저 경험할 수 있어 코덕(코스메틱 덕후)들은 물론 많은 사람이 다시 찾는 공간으로 자리매김하고 있습니다.

＃기다림

＃특별한 ＃나에게 주는 선물

독립서점은 서점마다 특색 있는 큐레이션이 매력적인 공간입니다. 여러 독립서점의 큐레이션을 비교하면서 나의 취향에 맞는 곳을 찾는 것이 독립서점에 가는 이유이기도 하죠. 서점에서 진행하는 재미있는 전시나 이벤트 등을 체험하는 것도 독립서점이 가진 매력 중 하나입니다. '책'이라는 아이템을 중심으로 진행하는 다양한 마케팅 활동은 각 독립서점의 차별화 포인트입니다. 키워드를 통해 '책 처방'을 해주거나 운영자 취향의 책을 추천해주는 서비스는 사라져가는 동네 서점이 '독립서점'으로 부활하는 데 큰 역할을 했죠.

연남동에 위치한 '서점 리스본 포르투'는 책을 소개하는 방식이 재미있는 곳입니다. 매달 한 권의 책이 표지가 가려진 채 배송되어, 책을 받기 전까지 어떤 책이 들어 있을지 기대와 궁금증을 유발하는 '비밀 책'이라는 구독 서비스와 요즘 이슈인 성격 유형

독특한 방식의 책 큐레이션이 인기를 끌고 있는 연남동의 '서점 리스본 포르투'.

검사 'MBTI별 추천 책', 그리고 태어난 날이 같은 작가가 쓰거나 생일이 같은 인물에 관한 책, 혹은 생일에 초판이 발행된 책을 보내주는 '생일 책' 서비스 등입니다. 이렇게 다양한 책 추천 서비스를 통해서 소비자들은 나의 성격과 내가 태어난 날이 좀 더 특별해지는 경험을 하게 됩니다. 이 서비스를 이용해본 소비자들의 리뷰를 보면 '기대', '기다림', '취향', '특별한', '의미 있는', '나에게 주는 선물' 등의 키워드가 많았습니다. 이런 서비스는 온라인과 오프라인을 모두 활용하여 서점에 대한 지속적인 관심과 함께 재구매를 만드는 판매 전략이자 마케팅 활동이라 할 수 있습니다.

취향을 모아둔 편집숍도 카페나 독립서점처럼 사람을 모으는 역할을 합니다. 제품뿐만 아니라 다양한 콘텐츠로 소통하는 공간이 늘어나는 이유는 이곳이 취향을 소비하고 경험하는 과정을 통해 나다움을 찾고 나의 가치관을 표현하는 요즘 소비자의 니즈가 반영된 트렌디한 공간이기 때문입니다.

국내 디자이너 브랜드 제품으로 구성된 생활잡화점인 '오브젝트'는 계절의 변화를 느낄 수 있는 전시부터 제로 웨이스트 같은 사회적인 이슈에 대한 전시까지 점포마다 다양한 주제로 전시 및 팝업 공간을 운영하고 있습니다. 매장 내에서 진행하는 전시나 팝업 스토어에 소개되는 제품은 기존에 판매하는 제품군에서 크게 벗어나지 않는 범위의 것들로 브랜드의 깊이를 더한 사례라고 할 수 있습니다.

이곳에서 판매하는 제품들은 필요에 의해서 구매하기보다는 좋아하는 취향이어서 구매하는 것들이 대부분입니다. 그래서 일회성 방문에 그치거나 소비자층이 한정적일 수 있는데, '오브젝트'는 지속적으로 다양한 주제의 전시와 팝업 스토어를 열면서 끊

다양한 전시와 팝업을 진행하는 생활잡화점 '오브젝트'.

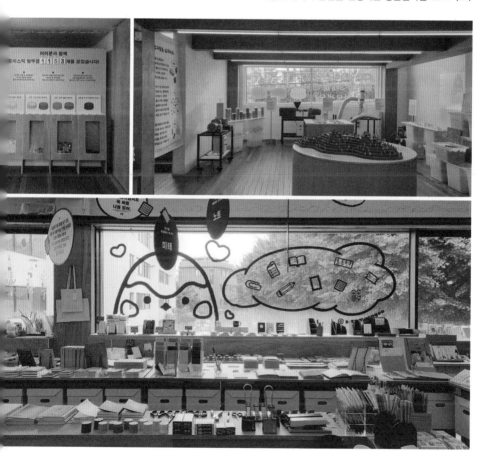

임없이 사람들을 오프라인 공간으로 불러모으고 있습니다.

SNS를 통해 활발하게 소비자와 소통하여 오프라인의 콘텐츠를 소비자에게 전달하고 신진 작가의 작품이나 제품을 소개하여 창작자, 제작자와 소비자를 연결하는 장으로서 역할을 합니다.

건축이나 인테리어가 공간의 하드웨어적 요소, 즉 밖으로 보이는 요소라면 공간 마케팅은 소프트웨어적 요소의 깊이를 더해주는 것이라고 할 수 있습니다. 매장 내 일부 공간을 활용하여 이벤트나 전시 등을 기획할 때에는 브랜드의 제품이나 서비스를 확장하는 개념으로 접근하는 것이 좋습니다. 한때 밀가루, 구두약 등의 브랜드가 맥주 제조사와 협업하여 만든 맥주가 느닷없는 이종異種결합으로 화제가 되기도 했는데, 이는 강하게 형성된 밀가루, 구두약 브랜드의 인지도를 바탕으로 생긴 이슈라 할 수 있습니다. 일반적인 접근이기는 하지만 매장을 방문하는 소비자가 기대하는 범주 안에서의 확장이 좀 더 안전하면서, 브랜드의 콘셉트를 단단하게 만드는 역할을 하는 것은 확실합니다.

공간 마케팅은 세분화된 니즈를 가진 요즘 소비자에게 지속적이고 일관성 있는 목소리로 소통하는 브랜드의 깊이를 더하는 전략입니다. 공간 안에서 이루어지는 마케팅은 브랜드가 가진 성향과 콘셉트를 더욱 견고히 하는 역할을 하면서 한 번의 이슈 몰이가 아닌 지속성을 가져야 합니다. 사람들이 좋아할 만한 비주얼적 요소와 흥미 있는 주제를 가진 마케팅 활동은 소비자들이 직접 방문하고 참여하고 싶게 만드는 요소이면서, 참여했던 소비자들이 자발적으로 인증하여 바이럴하는 훌륭한 홍보 콘텐츠이기도 합니다.

스니커즈 편집숍 브랜드에서
와인바에 만든 호텔

짧으면 하루, 길면 몇 개월씩 주로 유동인구가 많은 지역에 강렬한 인상을 심어주고 사라지는 임시 매장을 '팝업 스토어'라고 하죠. 요즘은 팝업 스토어를 위한 대여 공간도 많아지고 이색 장소에서 협업을 통한 팝업 스토어를 열기도 합니다.

이처럼 외부의 공간을 활용해 임시로 운영하는 팝업 스토어와 달리, '카멜레존chamelezone'은 공간 안에 일정 부분을 다른 콘텐츠에 할애하여 사용하는 것으로 서로 다른 것들의 이종결합을 위한 공간을 말합니다. MBC 예능 '놀면 뭐하니'에서 수없이 생성되는 유재석의 부캐(부캐릭터의 준말)처럼 본래 공간의 역할에 다른 역할이 덧붙여지는 것이죠.

사회적 거리두기로 인해 저녁 술자리가 줄어들고 모임이 줄어 운영이 어려워진 술집이 영업 외 시간인 아침과 점심시간에 주방과 홀을 다른 사람에게 임대하여 식당으로 운영하는 사례도 이

런 카멜레존에 해당합니다. 이렇게 운영할 경우, 기존 업주에게
는 임대료라는 추가 수입이 발생하고 높은 임대료와 시설 장치 비
용이 부담스러운 초기 사업자에게는 적은 비용으로 매장을 운영
해볼 기회가 생겨 일석이조입니다. 카멜레존은 공간을 효율적으
로 운영할 수 있는 장점을 가지고 있지만 자칫 주객이 전도되거나
명확한 콘텐츠가 보이지 않는 단점이 있어 운영을 계획할 때 어떤
콘텐츠를 접목할지 신중하게 판단해야 합니다.

이번에는 공간의 내외부에서 이루어지는 브랜딩과 공간 활용
에 대한 이야기를 팝업 스토어와 카멜레존을 통해 알아보겠습니다.

지난 2월, 성수동 곳곳에 '현대자동차 아이오닉'의 자동차가
전시되어 있지 않은 자동차 팝업 스토어가 오픈했습니다. '스튜디
오아이'는 친환경을 테마로 친환경 굿즈를 전시, 판매하는 공간과
카페, 워크숍 라운지 등의 친환경 라이프스타일을 경험할 수 있는
3개의 공간으로 운영되었습니다. 현대자동차가 판매하는 아이오
닉 자동차의 속성인 '친환경'을 체험하는 공간으로 각각의 공간에
서 판매하는 제품은 친환경 소재나 공정무역 등 지속가능성에 대
한 이슈가 있는 브랜드로 구성됩니다. 워크숍 라운지에서는 직접
업사이클링에 대해 배우고 만들어보는 체험 공간도 있습니다. '현
대자동차 아이오닉'은 타깃층인 MZ세대에게 그들의 정체성을 각
인시키고 친환경 브랜딩을 하기 위해 팝업 스토어를 진행한 것입
니다.

자동차 없는 자동차 홍보 매장인 성수동 '스튜디오아이'.

'스튜디오아이'의 팝업 스토어가 자동차 없는 자동차매장이라면, 그에 앞서 브랜딩을 위한 팝업 스토어로 화제가 된 '시몬스 하드웨어 스토어'는 침대 없는 침대매장입니다.

시몬스는 성수동에 2020년 4월, 창립 150주년 기념 팝업 스토어를 오픈했는데 스태프를 포함해 5명이 들어갈 수 있을 정도로 작은 규모의 매장에 누적 방문자 수가 6만 명을 넘었고 SNS에서 '#시몬스하드웨어스토어' 게시물은 1만 5,000건에 달하는 폭발적인 반응을 불러일으켰습니다. 이후 갤러리아 백화점과 부산 등에 연달아 오픈하면서 화제가 된 이 공간은 현재 그들의 복합문화공간인 '시몬스 테라스점'으로 자리를 옮겨 운영 중입니다.

오프라인 공간에서 침대 없는 침대매장을 선보인 시몬스는 침대 없는 침대광고로 2021년 2월 TV 광고 시청률 1위를 기록하기도 했습니다. 피곤한 기색으로 하품하는 지친 사람들 끝에 활기찬 표정으로 앉아 있는 주인공을 통해 그가 시몬스 침대에서 흔들리지 않는 편안한 꿀잠을 잔 것으로 유추할 수 있게끔 표현한 것이죠. 이처럼 시몬스는 침대 없는 침대매장과 함께 침대 없는 침대광고를 만들어 활자보다 영상에 반응하는 시대의 소비자와 감각적인 비주얼 커뮤니케이션을 이어오고 있습니다.

4명이 들어가면 비좁을 정도로 작은 공간에서 침대 브랜드가 볼펜과 헬멧, 작업복, 그리고 이천 쌀을 판매하는 이유는 뭘까요? 그들은 직접적인 굿즈 판매를 통한 수익보다 수면 전문브랜드인 시몬스의 브랜드 이미지를 각인시키는 데 오프라인 팝업 스토어

브랜드 이미지를 각인시키는 팝업 스토어 '시몬스 하드웨어 스토어'(좌)와 '시몬스 그로서리 스토어'(우).

를 활용한 것입니다. 판매보다 브랜드 체험, 경험을 통해 미래 소
비자에게 긍정적인 브랜드 인식을 심어주길 원한 것이죠. 추후 그
들이 소비의 주체가 되는 시기에 브랜드를 기억하고 구매로 이어
질 수 있도록 하기 위함입니다.

"와인바에 호텔이 생겼는데, 스니커즈 브랜드에서 만든 팝업
스토어입니다."

이게 도대체 무슨 말일까요? 한 번에 이해가 안 되는 공간입

전문성 있는 브랜드들의 협업으로 탄생한 '케이스스터디'의 팝업 스토어 '호텔 케이스스터디'.

니다. 그러나 실제로 존재하는 공간이죠. 와인바도 있고, 호텔도 있고, 스니커즈 브랜드에서 콜라보하여 만든 생활용품도 있는 '호텔 케이스스터디HOTEL CASESTUDY'입니다. '케이스스터디'는 원래 스니커즈 편집 매장입니다. 판매 제품의 영역이 넓어진다는 것을 알리는 방법으로 내추럴 와인바에 호텔 콘셉트의 팝업 스토어를 열게 된 것이죠. 이 공간을 만드는 작업은 '까사미아'라는 라이프스타일 전문 브랜드가 진행했습니다. 정리해보면, 팝업 스토어를 열기 위해 공간, 공간기획, 제품제작의 과정에 해당 분야에 전

문성 있는 브랜드들이 협업한 것이죠.

　빈티지 호텔 콘셉트의 공간인 만큼 호텔 프론트와 호텔 룸을 재연해 놓은 공간에 제품을 연출하고 제품 구매리스트도 호텔 룸 서비스 메뉴처럼 만들어 놓는 등 공간 전반을 통해 컨셉추얼한 요소를 구성했습니다. 주 타깃층인 젊은 소비자의 접근성이 좋은 성수동에 이색적인 공간을 만들어 새롭게 선보이는 라이프스타일 제품을 홍보한 것도 신의 한 수입니다.

　이 사례는 와인바 '로스트인내추럴'이 공간의 일부를 카멜레존으로 운영하고, 케이스스터디가 매장 외부에 팝업 스토어를 만든 아주 복합적인 사례라고 할 수 있습니다. LP 음악과 와인이 만나는 '로스트인내추럴'의 바이닐 숍vinyl shop에 LP를 활용한 디스플레이를 연출하여 기존 공간의 콘셉트를 유지하면서도 홍보 브랜드와 교집합을 이루는 시너지 효과를 낼 수 있었던 것이죠.

　카멜레존에 대해 좀 더 알아볼까요? 우리가 잘 알고 있는 카멜레존의 대표 사례는 각종 원데이클래스나 서점의 북 토크, 독서 모임 등입니다. 판매공간에서 판매하는 제품과 관련한 프로그램을 진행하여 소비자가 직접 체험하는 경험의 공간으로 변화를 주는 것이죠. 구매와 경험이라는 각각의 목적을 가진 사람들이 공간에 방문하게 되면 공간에 유입되는 사람의 수가 늘어나는 장점이 있고, 서로 다른 목적을 가지고 방문했던 사람들이 또다른 목적으로 다시 찾아오는 선순환도 이루어질 수 있습니다. 판매하는 제품이나 서비스에서 파생된 콘텐츠로 카멜레존을 운영하면 콘텐츠가 레이어링layering 되어 공간의 깊이를 더할 수 있고, 예상할 수 없던 새로운 콘텐츠 간의 조합에는 예상할 수 없는 의외성이 생겨 독특한 경험을 선사할 수 있습니다.

가구 만드는 브랜드 '비플러스엠Bplusm'이 공간을 분리하여 '따로 또 같이' 운영하는 방식은 여러 공간이 유기적으로 연결된 모습을 보여줍니다. 신발공장이었던 공간을 업사이클링한 복합문화공간 'studio123'은 '비플러스엠'의 쇼룸 및 업무공간, 갤러리, 스튜디오, 카페 등으로 구성되어 있습니다. 오픈 스튜디오는 촬영 외에 팝업 스토어로 활용하기도 하고 카페 공간으로 개방합니다. 이처럼 쇼룸은 업무공간을 겸하여 사용하고, 스튜디오는 팝업과 전시, 카페로 겸하여 활용하는 공간 쉐어는 전체 공간의 따뜻한 톤앤매너가 유지되어 산만하게 느껴지지 않고, 콘텐츠가 레이어링 되어 공간의 특성을 명확하게 합니다.

물론, 팝업과 전시 등에 공간 전체가 사용되어야 하는 경우에는 구매를 위해 방문한 사람들이 발길을 돌리는 일이 적도록 판매가 집중적으로 이루어지는 시간대를 파악하여 그 외의 시간을 활용하는 것이 좋습니다. 매장을 열고 닫는 시간은 소비자와의 중요한 약속이기 때문에 돌발적인 상황들은 최소화하는 것이 좋고 특수한 상황에 대해서는 SNS, 홈페이지 등의 온라인 창구나 매장 내외부에 잘 보이도록 고지하는 것이 좋습니다.

신발공장을 업사이클링한 북유럽 감성의 복합문화공간 'studio123'.

그렇다면 어떤 경우에 팝업 스토어를 활용하면 좋을까요? 온라인을 베이스로 브랜드를 만들고 운영하는 경우에는 팝업 스토어를 활용하여 기존 소비자에게 실체가 있는 브랜드를 직접 경험하도록 해주는 것이 필요하고, 운영자도 직접 소비자를 대면하는 기회를 만들어 공간에 머무는 동안 소비자의 반응과 그들과의 소통을 통해 브랜드를 점검할 필요가 있습니다. 온라인에서의 경험이 오프라인으로 연결될 때 소비자는 브랜드에 대한 확신을 얻고, 호감도와 충성도도 상승하게 됩니다. 바로 이런 경험이 중첩될 때, 팬덤이 형성되는 것입니다.

임시로 운영하는 팝업 스토어는 일반 매장을 만들고 운영하는 것보다 비용 면에서 훨씬 저렴합니다. 저렴한 비용으로 오프라인 매장을 잠시라도 열 수 있다는 장점이 있고, 브랜드를 접해본 경험이 없는 일반 소비자에게 홍보할 수 있는 아주 특별한 기회가 됩니다. 그래서 팝업 스토어를 열 계획을 세웠다면 다양한 브랜드의 팝업 스토어를 진행하여 이미 공간 자체가 팝업 스토어로 인식된 오프라인 팝업 스토어 플랫폼을 활용하거나, 브랜드의 타깃 소비자층이 쉽게 접근할 수 있는 지역으로 위치를 신중히 선정하는 것이 좋습니다.

팝업 스토어나 카멜레존의 목적은 제품이나 서비스의 직접 판매보다는 브랜드 속성을 강화하여 소비자에게 각인시키는 것에 있습니다. 소비자들은 이전에 경험해본 적 없는 제품이나 서비스는 온라인으로 구매하는 것을 조심스러워하지만 오프라인에서 직접 체험해본 제품이나 서비스를 받아들이는 데에는 어려움이 없습니다. 즉, 온라인에서 실질적인 판매가 이루어진다면 오프라인은 브랜드 경험과 직접적인 체험을 통해 브랜딩을 하고 신제품을 홍보하는 공간으로 활용되어야 합니다.

3

'안'과 '밖'의 구분없이
공간을 누린다

온·오프라인의 순환구조를 만드는 '역쇼루밍'

오프라인이 변화하는 여러 가지 이유 중 IT 기술에 의한 변화를 빼놓을 수 없습니다. 특히 우리나라는 스마트폰 보급률이 96%에 달하고, 코로나 상황으로 온라인 쇼핑을 이용하는 연령층이 확대되어 유통업체나 기업에서 더욱 온라인화에 힘을 쏟고 있습니다. 최근 들어 온라인의 기능을 오프라인으로 끌어와 경계를 허물려는 시도도 늘어나고 있습니다. 온라인과 오프라인이 합쳐져 시너지 효과를 낼 수 있도록 오프라인에 온라인의 기능을 더하는 피지털('피지컬physical'과 '디지털digital'의 합성어) 경험을 위한 공간이 늘어나고 있는 것이죠.

여기 오프라인에서 제품을 선택하고 온라인에서 구매하는 쇼루밍의 반대 개념, '역쇼루밍'을 위한 공간이 있습니다. 미국의 백화점 노드스트롬Nordstrom이 제안하는 역쇼루밍 공간 '노드스트롬

온라인에서 구매하고 오프라인에서 픽업하는 역쇼루밍 공간 '노드스트롬 로컬'.

로컬Nordstrom Local'에서는 백화점 VIP 쇼핑을 위해 제공되는 스타일링 서비스나 네일아트, 카페 등을 무료로 이용하면서 온라인으로 주문한 제품을 픽업하고, 반품을 하거나 제품을 착용해보고 주문하는 '바이 온라인 픽업 인 스토어Buy Online Pickup in Store' 서비스를 이용할 수 있습니다. 이곳에서는 구매한 제품을 바로 받아가는 것만이 불가능한 일입니다.

'노드스트롬 로컬'로 인해 공간에 생긴 변화 중 가장 큰 부분은 픽업 서비스를 위한 당일 재고와 시착을 위한 샘플 외에 많은 재고를 보유할 필요가 없어, 큰 공간이 필요 없어졌다는 것입니다. 따라서 창고 공간을 줄이거나 없애고 제품을 시착할 수 있는 피팅룸과 휴게공간을 더 넓게 사용하는 구조의 공간이 만들어진 것이죠.

올해 초부터 국내 유통사들도 오프라인 활성화를 위해 '익스프레쓱'(신세계), '스마트픽'(롯데) 등 픽업 서비스를 진행하고 있습니다. 처음에는 백화점 내에 있는 서비스 데스크를 통해 이루어질 예정이지만 서비스 이용자가 점차 늘어나게 되면, 백화점 운영시간 외에도 픽업 서비스를 이용할 수 있는 축소된 형태의 안테나숍이 만들어질 수 있을 것입니다. 백화점 지점이 없는 지역에 이런 안테나숍이 생기면 큰 공간이나 많은 비용을 들이지 않고도 소비자와의 접점이 늘어나게 되어 이 매장을 온·오프라인 마케팅에 활용할 수 있고, 소비자는 원하는 시간과 장소에서 제품을 픽업할 수 있을 것입니다.

오프라인 매장에 온라인을 접목하는 것에 최첨단 기술이 필요한 것은 아닙니다. 우리가 잘 알고 있는 쇼루밍과 역쇼루밍 현상을 이용하여 온라인 쇼핑의 편리함을 오프라인 매장에 접목하면 온라인에 익숙한 소비자를 오프라인으로 연결하고, 온라인에 익숙하지 않은 소비자를 오프라인을 통해 온라인으로 연결하는 온·오프라인 순환 구조를 만들 수 있습니다.

교보문고 '바로드림' 서비스는 오프라인 서점에서 책을 보고 온라인 서점에서 할인을 받아 구매하는 소비자나 온라인 서점을 주로 이용하는 소비자에게 다양한 편익을 제공하여 온·오프라인이 결합된 구매 형태로 유도하고 있습니다. 바로드림을 통하면 온라인에서 주문하여 오프라인에서 픽업하는 방식은 동일하지만, 직접 서점에서 책을 고른 후 픽업할 수 있어 오프라인 서점에서 온라인 결제를 통해 10% 할인 혜택을 받고 도서를 구매할 수 있습니다. 오프라인 매장에서 온라인 사이트로 결제하는 시스템인 것이죠. 이 서비스가 확대됨에 따라 결제를 위한 카운터가 줄어들고, 바로드림 카운터가 늘어났습니다. 바로드림은 소비자가 직접 책을 골라 바로드림 카운터로 가져오는 시스템이기 때문에 서점의 인력 배치가 달라질 수 있습니다.

이처럼 오프라인 매장에서 온라인과 동일한 혜택으로, 혹은 조금 더 많은 혜택으로 제품을 구매할 수 있게 되면 온라인에 익숙한 소비자를 오프라인으로 끌어들일 수 있고 오프라인 매장은 온라인을 위한 매장 형태로 변화할 것입니다. 앞서 말했던 안테나 숍의 경우, 기존 백화점에 보유한 재고를 이동시키기 때문에 매장 내에 창고가 필요하지 않았지만 서점의 경우에는 픽업 서비스를 위주로 운영하게 되면 창고 공간을 최대한 확보하여 온라인 주문에 대응해야 합니다. 온·오프라인의 결합 방식에 따라 공간의 구조가 변하게 되는 것이죠.

오프라인으로 튀어나온
'무신사'

오프라인 공간에 온라인 시스템이 적용된 사례에 이어 온라인 플랫폼이 오프라인 공간으로 확장되는 사례도 살펴 보겠습니다. 오프라인 진출로 화제가 된 대표적 온라인 플랫폼은 단연 '무신사'입니다. 온라인 패션 플랫폼 업계 1위인 무신사는 복합문화공간 '무신사 테라스'와 공유오피스인 '무신사 스튜디오'에 이어 그들의 주 소비자인 10~20대의 접근성이 용이한 홍대에 자사 브랜드인 '무신사 스탠다드 플래그십 스토어'를 오픈했습니다.

이들은 매장 외부에 무신사 온라인 스토어에서 주문한 제품을 픽업할 수 있는 픽업 로커pick up locker를 두고, 제품에 부착된 QR코드를 스캔하면 온라인 사이트로 접속이 가능하도록 하는 등 적극적으로 온·오프라인을 연계하고 있습니다. 이처럼 젊은 소비자를 대상으로 하는 온라인 플랫폼의 오프라인 진출은 오프라인 공간의 유의미한 변화라 할 수 있습니다.

취향을 잇는 온라인 중고거래 플랫폼 '번개장터'도 '현대백화점 더현대 서울'에 오프라인 공간 '브그즈트 랩BGZT Lap'을 오픈했습니다. 경험을 중시하는 MZ세대를 중심으로 리미티드 제품이나 명품 등 거래 품목도 다양해지고 있는 중고거래 시장과 새로운 형태의 유통이 오프라인 공간에서 만난 것입니다. '브그즈트 랩'은 한정판 리셀 스니커즈 판매와 중고거래를 위한 '픽업 앤 드랍 존 pichup and drop zone', 비대면 거래를 위한 '로커locker' 등 온라인 플랫폼의 본질에 충실한 오프라인 공간을 만들었고, 온라인에서 그러하듯 점차 개인 간의 거래를 위한 장으로 운영될 계획이라고 합니다.

온·오프라인의 경험을 통합하려는 움직임은 온라인 시장의 확대로 오프라인 공간의 역할이 변화하면서 생겨난 전략 중 하나입니다. 온라인 채널에서 확보한 고객을 오프라인 공간으로 연결하여 브랜드를 직접 체험하게 하고, 오프라인 채널에 강점이 있는 유통사는 커지는 온라인 시장에 뛰어들어 매출을 확보하는 등 온·오프라인 결합을 통해 시너지 효과를 낼 수 있도록 브랜드는 서로의 영역을 넘나들고 있습니다.

온라인과 오프라인은 서로의 한계점을 보완하는 방식으로 운영되어 온·오프라인에서의 소비자 경험은 서로 연결되고 끊임없이 순환되어야 합니다. 온라인으로 형성된 이미지가 오프라인의 직접 체험을 통해 소비자에게 확신을 심어줄 때 브랜드에 대한 호

'현대백화점 더현대 서울'
의 번개장터 '브그즈트 랩'
도 온라인 플랫폼이 오프
라인 공간으로 확장된 사
례다.

'무신사'는 홍대에 자사 브랜드인 '무신사 스탠다드 플래그십 스토어'를 오픈했다. 이는 젊은 소비자를 대상으로 하는 '온라인 플랫폼의 오프라인 진출'로 유의미한 공간의 변화를 보여준다.

감도가 상승하고, 정확한 콘셉트와 일관성 있는 맥락을 유지하여
온·오프라인을 통해 소비자와 소통할 때 브랜드는 탄탄한 팬덤을
형성하며, 비로소 그들과 함께 성장할 수 있습니다.

로봇들이 직원이 된
아날로그 공간

얼마 전, 늑대 우리 속에 들어가서 늑대를 만져보는 경험을 한 적이 있습니다. 물론 실제 경험은 아니고 늑대 사육사에게 장착된 카메라로 촬영한 VR 영상으로 진짜 같은 가짜 경험을 한 것입니다. 화면에 표시된 화살표를 움직여 다양한 각도에서 영상을 보니 '대신 만져드림'을 넘어 실제로 제가 그 상황 안에 들어간 것처럼 느껴졌습니다.

기술의 발달보다도 코로나로 인해 가상현실VR, 증강현실AR, 혼합현실MR을 체험할 기회가 더 빠르게 찾아왔습니다. 온라인으로 제품을 구매할 때 직접 착용해보지 못하는 아쉬움이나 방역 때문에 매장에서 화장품 샘플을 사용해보지 못하는 아쉬움을 AR 서비스로 대신하는 것처럼 우리는 일상적으로 VR, AR 기술이 접목된 서비스를 경험하고 있습니다.

229

최첨단 AR 기술을 접목한 미용실 '아마존 살롱'.

미국 최대 전자상거래업체 아마존은 런던에 AR 기술을 접목한 '아마존 살롱Amazon Salon'을 오픈할 계획이라고 발표했습니다. 보통 미용실을 가면 스타일링 북으로 상담하면서 바뀐 헤어스타일을 상상하며 결정하곤 했죠? 그러나 '아마존 살롱'에서는 AR 서비스로 화면의 내 얼굴에 어울리는 헤어 컬러를 미리 테스트한 후 컬러를 결정하여 시술하게 됩니다. 매장 곳곳에는 태블릿을 설치하여 시술하는 동안 아마존 엔터테인먼트 서비스를 이용할 수 있고, 이곳에 진열된 상품에는 QR코드가 부착되어 있어서 원하는 상품은 QR코드를 스캔하여 검색해보고 주문할 수 있습니다. 오프라인 공간의 전통적인 미용 서비스에 아마존의 첨단 기술이 더해져 새로운 서비스를 실험한 것이죠. 온라인에서는 '아마존 프로페셔널 뷰티 스토어'를 오픈하여 온·오프라인에서 영역 확장과 새로운 시도가 이루어질 예정입니다.

아모레퍼시픽은 오프라인 공간에서의 다양한 경험을 위해 롯데백화점 청량리점 안에 위치한 '아모레스토어'에서 AR을 이용한 가상 메이크업 체험 서비스를 진행하고 있습니다. 아모레 성수에 이어 제품을 체험하는 공간으로 만들어진 '아모레스토어'는 자유로운 제품 체험이 가능한 체험형 매장으로 QR코드를 스캔하여 제

'아모레스토어'에서는 QR코드와 VR 테스터를 적극적으로 사용하고 있다.

품 정보를 볼 수 있습니다. 오프라인 공간에서 디지털화된 비대면 서비스를 통해 소비자에게 이전과는 다른 경험을 제공하는 것이죠.

또한 명품 브랜드 '구찌'는 모바일 앱에서 신발, 선글라스, 립스틱 등을 AR 서비스를 통해 테스트해볼 수 있습니다. 온라인과 오프라인의 단점을 동시에 극복한 것이죠. 언제 어디서든 오프라인 매장에서처럼 제품을 체험해볼 수 있고, 온라인 사이트에서 구매도 가능하여 모바일을 통한 실감 나는 비대면 쇼핑을 즐길 수 있습니다.

이처럼 다양한 IT 기술이 오프라인 공간과 구매 과정에 접목되고 있고, 이로 인해 오프라인 공간에서의 체험에 편리함을 더하는 새로운 시도가 늘어나는 등 소비자에게 오프라인 공간은 다양한 체험과 서비스가 가득한 곳이 되었습니다.

물론, 보완해야 하는 문제들도 있습니다. QR코드 스캔으로 제품에 대한 설명을 보거나 온라인 사이트로 연결되는 서비스는 이미 많은 곳에서 적용하고 있죠. 그러나 AR 서비스나 QR코드 스캔 등을 통해 제공하는 제품에 대한 정보는 기본적인 정보 위주로 구성하게 되어 소비자는 그 정보의 양이 부족하다고 느껴질 수 있고, 일방적인 소통 방식으로 인해 궁금증을 모두 해소하지 못하거나 좀 더 많은 정보를 원하게 될 수도 있습니다. 이런 상황에서 오프라인 공간의 스태프는 디지털화된 서비스보다 더 전문성 있는 프리미엄 서비스를 제공하는 전문가의 역할을 해야 합니다.

로봇이 사람과 협동하여 아이스크림을 만들어주는 '브라운바나'에서는 로봇 팔이 아이스크림을 둥글게 쌓아 올리는 모습을 구경하며 신기하고 재미있는 경험을 할 수 있습니다. 성수동 '슈퍼말차'의 로봇이 솥을 헹구고 남은 물기를 터는 모습이 인상적이었던 것처럼 로봇이 아이스크림을 컵에 담는 모습은 귀여운 느낌이 들어 보는 이들을 웃음 짓게 합니다. 머지않은 미래에 익숙한 일상이 될 로봇 서비스지만 아직은 조금 낯설고 신기합니다.

기술이 발달하여 인공지능 로봇이 산업 분야에서 인간을 대체하기 시작하면서 이런 생활형 로봇도 우리의 일상에 성큼 다가왔음을 느낄 수 있습니다. 키오스크, 무인 결제시스템, 온라인 주문, 드라이브 스루 등 오프라인에서 IT 기술과 사람이 역할을 분담하여 소비자에게 새로운 경험을 제공하는 사례가 점점 더 늘어나고 있습니다.

'키오스크 앞에서 무너진 엄마'라는 제목의 기사를 접한 적이 있습니다. 햄버거를 사려고 들른 패스트푸드점에서 키오스크로 주문을 시도하다 결국 실패하고 되돌아 나온 사연자의 어머니가 자녀와 통화하며 "나 이제 끝났나 봐…." 하며 울컥하셨다는 내용의 기사였습니다.

사실 이런 기사를 접한 것이 이번이 처음은 아닙니다. 점점 더

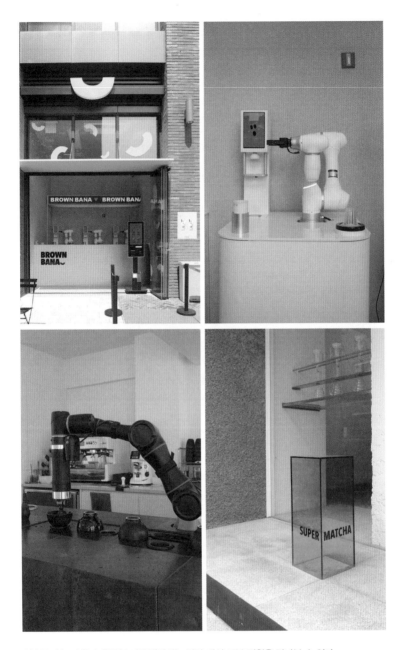

성수동의 '브라운바나'와 '슈퍼말차'에서는 사람 대신 로봇 직원을 만나볼 수 있다.

지털화되어가는 오프라인 매장에서 이런 서비스에 익숙하지 않은 중장년층과 노년층 소비자의 디지털 소외에 대한 우려는 IT 기술의 발달과 확대에 따라 커지고 있습니다. 늘어가는 무인 계산대나 키오스크 주문 방식이 누군가에겐 신속하고 편리할 수 있지만 다른 누군가에겐 장벽과도 같이 다가올 수 있습니다.

기술이 발달하고 새로운 기술이 생겨나면, 빠르게 매장에 적용하여 소비자 경험을 다양하게 해주는 것도 중요하지만, 그로 인해 발생할 수 있는 반대급부에 대해서도 철저히 준비해야 합니다. 키오스크 주문 방식이 어려운 소비자를 위한 전담 직원을 배치하거나 인터폰을 통해 원격 서비스를 진행하는 등 서비스를 보완할 수 있는 융통성이 필요합니다. 좀 더 나아가 키오스크의 주문화면 포맷이 일정 부분 표준화되고 과정이 간소화된다면 디지털 소외 계층도 은행 ATM기나 지하철표 발권기처럼 편하게 키오스크를 사용할 수 있을 것입니다.

이처럼 디지털화되는 오프라인의 영향으로 인공지능AI이 주문, 결제 등의 과정에서 사람을 대체하거나 제조 과정을 포함한 운영 전반을 AI로 대체하여 무인점포로 운영하는 매장이 늘어나고 있습니다. 물론 무인점포에서도 사람이 해야 할 일은 있습니다. 다만, 기존에 사람이 하던 역할을 AI와 나누게 된 것이죠.

'현대백화점 더현대 서울'에 있는 '언커먼스토어'는 인공지능, 사물인터넷을 비롯한 첨단 기술이 적용된 백화점 최초 무인 자동화 매장입니다. 아마존 웹서비스를 기반으로 '저스트 워크 아웃 Just Walk Out' 기술을 도입한 미래형 유통매장으로 생활용품, 식음료 등 다양한 제품을 큐레이션한 라이프스타일 편집숍의 형태로 운영되고 있습니다. 완성형의 무인 매장이 아니라 새로운 시도를 위한 실험적 매장이기 때문에 앞으로 수정하고 보완해야 할 부분이 있겠지만, 소비자에게 새로운 경험을 제공하고 미래형 유통에 도전해봤다는 것만으로도 가치는 충분합니다.

물론, 오프라인 공간은 첨단 기술에만 의존하여 소비자의 만족도를 높일 수 없습니다. 이는 온라인에서 오프라인으로 영역을 확장하는 사례에서도 그 이유를 유추할 수 있습니다. 기술의 발전과 그로 인한 변화는 자연스러운 현상이며 우리가 막을 수 있는 것도 아닙니다. 앞으로 펼쳐질 미래 환경은 예전에 SF 영화에서 상상력으로 표현된 것 이상으로 변화할 수도 있습니다.

이런 변화하는 시대의 흐름은 의식주를 비롯한 생활 전반에 변화를 주게 됩니다. 또 낯설고 차갑게 느껴지던 디지털화는 자연스럽게 일상화되어 새로운 일상이 될 것입니다. 이런 상황 속에서 아날로그적 감성을 원하는 소비자에게만 어필하는 브랜드와 공간으로 남는 것은 브랜드의 발전 가능성을 축소시킬 수 있습니다. 그뿐만 아니라, 좀 더 다양한 소비자에게 어필할 수 있는 기회 역시 놓치게 될 수 있습니다.

새로운 기준이 계속해서 생겨나고, 변화에 변화를 거듭하는 세상에서 살아남기란 참 어려운 문제임을 잘 알고 있습니다. 함께 고민하며 앞으로 풀어나가야 할 부분이겠지요. 변화하는 첨단 기술에 섬세한 감성이 더해진 오프라인 공간을 통해 소비자에게 특색있는 경험을 제공하려 끊임없이 고민한다면, 대체할 수 없는 브랜드와 공간으로서의 가능성을 분명 지니게 될 것입니다.

'현대백화점 더현대 서울'의 무인 편집샵 '언커먼스토어'는 백화점 최초 무인 시스템 도입으로 새로운 쇼핑 방식을 경험할 수 있다.

더 머물고 싶은 순간을
만나는 법

취향을 찾아 어디든 찾아가고, 가보고 싶은 장소는 줄을 서서라도 반드시 가보는 사람들. 때론 비싼 금액도 마다하지 않습니다. 이제 이런 모습은 특정한 소수의 이야기가 아니죠. 아마 이 책에 등장하는 매력적인 공간들을 이미 '방문할 곳 리스트'에 올려놓으신 분들도 계실 겁니다.

코로나는 우리에게 '필요한' 오프라인 공간의 의미를 바꾸어놓음과 동시에 우리가 '원하는' 오프라인 공간의 모습도 바꿔놓았습니다. '밖'으로 나간다는 것에 어떤 희생과 대가가 따르는지 알기 때문에 우리는 '이왕 나가는 거', '이왕 가는 거' 더 예쁘고, 더 안전하게, 더 오래 머물고 싶은 곳으로 갑니다. 여기에 수반되는 돈과 시간은 '얼마든지' 아깝지 않게 쓸 수 있습니다.

이미 2년 가까운 시간 동안 수많은 변화에 노출된 소비자들은 자연스레 변형된 형태의 욕구를 보이고 있습니다. 혹시, 이 모든 변화들이 언젠가 다시 예전으로 돌아가리라 생각하고 있다면, 지금 그 생각을 멈춰야 합니다. 이 변화된 방식들은 멈춰 있지 않고 점점 더 발전하여 또 다른 형태의 변화를 계속 불러올 가능성이 높습니다. 지금 수준, 혹은 그 이상의 비대면 시대가 계속해서 이어진다는 말입니다. 따라서 우리는 비대면 시대 속 오프라인에서 '머물고 싶은 순간'을 위해 계속해서 변화해야 합니다.

오프라인 공간의 가치는 비자발적인 비대면 시대를 살아가는 우리가 가장 잘 알고 있습니다. 온라인에서 충족되지 못하는 무언가를 채우기 위해 애써 나의 공간을 찾아온 소비자에게 진심을 담은 서비스와 경험을 제공하도록 노력해야 합니다. 책에서는 처음부터 끝까지 "오프라인 공간은 필요하다."를 전제로 이야기했습니다. 변화된 시대 상황에 따른 다양한 오프라인 공간, 혼란스러운 변화의 소용돌이 속에서도 사람들의 발길을 이끄는 공간의 힘, 새로운 개념과 지금까지 없던 방식의 소비 공간을 전달하려 노력했습니다.

다양성의 시대라는 말이 무색할 만큼 SNS에는 비슷비슷한 모습의 오프라인 공간들이 우후죽순 생겨나고 있습니다. 아직 자기만의 브랜드와 공간을 만들기 위해 준비하고 있는 분들이라면, 이 책을 통해 조금이나마 공간에 대해 가지고 있던 '당연한' 생각에서 벗어나 한 번 더 생각해볼 수 있는 기회를 갖게 되셨으면 좋겠습니다. 소비자 입장에 가깝게 다가가 '더 머물고 싶은', '또 가보고 싶은' 공간에 대해 고민하고 시도해보는 데에 이 책이 도움이 되길 간절히 바라겠습니다.

책 속에 등장한 '머물고 싶은' 공간들
참고문헌
이미지 출처

ㄱ

그린그라스 풍경 | 경기도 광주시 오포읍 수레실길 155 | 070-8865-5711   p32, 33

그린랩 | 서울특별시 성동구 서울숲2길 18-11 | 02-499-5833   p66, 67

ㄴ

노드스트롬 로컬(미국) | 1273 3rd Ave, New York | +1 332-204-9050   p220

ㄷ

더피커 | 서울특별시 성동구 서울숲2길 29 1층 | 070-4118-0710   p52

도제식빵 위례점 | 경기도 성남시 수정구 위례광장로 104 1층 1116호 | 0507-1371-8969
　p73

ㄹ

롤리폴리 꼬또 | 서울특별시 강남구 봉은사로51길 19, 봉은사로 51길 23 1층 | 0507-1399-
　6468   p177

리틀버틀러 | 서울특별시 종로구 북촌로 8 | 02-6338-8878   p96

ㅁ

맥심플랜트 | 서울특별시 용산구 이태원로 250 | 070-4287-8557   p130, 131

모나미스토어 본사수지점 | 경기도 용인시 수지구 손곡로 17 1층 | 031-270-5315   p190

모리오카 서점(일본) | 1 Chome   28   15, Ginza, Chuo City, Tokyo | +81 3-3535-5020
　p163

무신사스탠다드 홍대 | 서울특별시 마포구 양화로 144 | 0507-1490-0551   p226, 227

묵리459 | 경기도 용인시 처인구 이동읍 이원로 484 | 031-335-4590   p28

ㅂ

바늘이야기 연희점 | 서울특별시 서대문구 연희로11가길 15 | 02-771-9771   p139

브라운바나 | 서울특별시 성동구 아차산로17길 49 생각공장 데시앙플렉스 R111호 | 02-
　6101-0011   p234

브림커피 | 경기도 성남시 분당구 금곡로11번길 2 1층 | 0507-1310-1251   p130, 131

블루보틀 삼청 한옥 | 서울특별시 종로구 삼청로2길 40-3 | 02-6212-6998   p62

BGZT LAB | 서울특별시 영등포구 여의대로 108 지하 2층 | 02-3277-0861   p226, 227

VOD SUITE | 서울특별시 강남구 논현로120길 6 | 0507-1340-0791   p58, 59

ㅅ

사유집 | 서울특별시 마포구 성미산로29길 24 2층   p146, 147

사적인서점 | 서울특별시 마포구 성미산로1길 92 | 070-4151-1001   p116

산노루 제주점 | 제주도 제주시 한경면 낙원로 32 | 070-8801-0228   p131

샌드커피 논탄토 | 서울특별시 마포구 동교로 212-16 | 02-336-8020   p107

서점 리스본 포르투 | 서울특별시 마포구 성미산로23길 60 | 0507-1427-2360   p201

슈퍼말차 성수 | 서울특별시 성동구 서울숲6길 19 | 070-4632-3882   p234

스타벅스 별다방점 | 서울특별시 중구 퇴계로 100 | 1522-3232   p79

스타벅스 역삼이마트점 | 서울특별시 강남구 역삼로 310 | 02-554-4043   p78

스튜디오아이[영업 종료] | 서울특별시 성동구 광나루로 162   p208

스트란드 | 서울특별시 서대문구 연희로 11길 51 | 02-963-0852   p96

스페이스독 | 서울특별시 서대문구 연희로8길 18 | 0507-1370-2135   p196, 197

시몬스 그로서리 스토어 부산점 | 부산광역시 해운대구 우동1로38번길 11 | 051-744-5724   p210, 211

시몬스 테라스점 | 경기도 이천시 모가면 사실로 988 | 031-631-4071   p169, 170, 171

시몬스 하드웨어 스토어 | 경기도 이천시 모가면 사실로 988 | 031-634-4075   p210

식물관PH | 서울특별시 강남구 광평로34길 24 | 02-445-0405   p128, 129

33게이트 | 부산광역시 부산진구 서전로37번길 20 A 마동 2층 | 0507-1345-6918   p102, 103

studio123 | 서울특별시 마포구 마포대로16길 7-14 | 0507-1421-0030   p216

ㅇ

아더 스페이스 3.0 플래그십 스토어 | 서울특별시 강남구 도산대로11길 31 | 0507-1488-2264   p159, 160, 161

아마존 살롱(영국)[영업 전] | 47 Brushfield Street, London, E1 6AA | 0330-043-4641   p230

아모레 성수 | 서울특별시 성동구 아차산로11길 7 | 02-469-8600   p182, 198

아모레스토어 | 서울특별시 용산구 한강대로 100 아모레퍼시픽 세계본사 2층 | 02-6040-2557   p231

아케이드서울[영업 종료] | 서울특별시 마포구 홍익로 23   p149

알맹상점 | 서울특별시 마포구 월드컵로 49 2층 | 0507-1393-8913   p52

어쩌다 산책 | 서울특별시 종로구 동숭길 101 지하 1층 | 02-747-7147   p126

언커먼스토어 | 서울특별시 영등포구 여의대로 108 6층 | 02-3277-0665   p238, 239

에르제 | 서울특별시 성동구 아차산로 135 1층 | 0507-1485-7021   p97

여행맛 AK&홍대점(영업 종료) | 서울특별시 마포구 와우산로35길 50-4   p100, 101

오브젝트 서교점 | 서울특별시 마포구 와우산로35길 13 | 02-3144-7738   p203

오브젝트 성수점 | 서울특별시 성동구 서울숲길 36 현대아파트 상가 2층 | 02-464-0080
   p203

올덴브라운 | 경기도 성남시 분당구 동판교로52번길 17-7 | 070-4155-1960   p97

우리술한잔 bar&bottle | 서울특별시 종로구 청계천로 57 1층 | 0507-1380-0901   p70

웅녀의 신전 | 서울특별시 종로구 인사동길 17-1 | 070-4112-5610   p178

유어네이키드치즈 | 서울특별시 성동구 왕십리로10길 6 | 02-2124-0924   p140, 141

이니스프리 공병공간점 | 서울특별시 종로구 율곡로3길 73 | 02-737-0585   p50

이스트씨네 | 강원도 강릉시 강동면 헌화로 973 1층 | 0507-1356-8732   p196, 197

이케아 랩 | 서울특별시 성동구 아차산로17길 48 | 1670-4532   p188, 189

일상비일상의틈 | 서울특별시 강남구 강남대로 426 | 070-4090-8005   p174, 175

NH슈퍼스톡마켓(영업 종료) | 서울특별시 영등포구 여의대로 108 지하 2층   p185

ㅋ

카모메 그림책방 | 서울특별시 성동구 무수막길 84 | 010-6510-5065   p86

카페진정성 논현점 | 서울특별시 서초구 신반포로 321 | 0507-1490-1181   p27

카페진정성 하성본점 | 경기도 김포시 하성면 하성로 660 | 0507-1308-5520   p29

커피호스피탈 | 서울특별시 마포구 포은로 93 | 02-323-5500   p93

ㅌ

테르트르 | 서울특별시 종로구 낙산5길 46 | 0507-1388-5689   p25

ㅍ

평화 | 서울특별시 영등포구 도림로131길 13 1층 | 0507-1318-1194   p90, 91

포스터뮤스 숍(네덜란드) | Sint Luciënsteeg 23-25 1012 PM Amsterdam | 020-6255812
   p143

폼페트 | 서울특별시 성동구 독서당로 285 지하 1층 | 070-7677-2850   p87

FAVOR | 서울특별시 성동구 연무장길 41-22 101호 | 0507-1356-4122   p102, 103

ㅎ

하우스 도산 | 서울특별시 강남구 압구정로46길 50 하우스 도산 지하 1층 | 070-4128-2125
p152, 153, 154, 155

현대백화점 더현대 서울 | 서울특별시 영등포구 여의대로 108 | 02-767-2233 p122, 123

호텔 케이스스터디(영업 종료) | 서울특별시 성동구 연무장5가길 32 p212, 213

황인용 뮤직스페이스 카메라타 | 경기도 파주시 탄현면 헤이리마을길 83 | 031-957-3369
p113

후쿠 커피(일본) | 3 Chome-21-17 Haruyoshi, Chuo Ward, Fukuoka | +81 92-752-
3135 p105

1. 도서

김용섭 지음, 《라이프 트렌드 2021 : Fight or Flight》, 부키, 2020.

로리 서덜랜드 지음, 이지연 옮김, 《잘 팔리는 마법은 어떻게 일어날까?》, 김영사, 2021.

마스다 무네아키 지음, 이정환 옮김, 《지적자본론》, 민음사, 2015.

모종린 지음, 《머물고 싶은 동네가 뜬다》, 알키, 2021.

바이러스디자인 UX Lab 지음, 《디브리프 DEBRIEF Vol.2 포스트 코로나 시대 달라지는 우리 삶》, 바이러스디자인, 2020.

양품계획 지음, 민경욱 옮김, 《무인양품의 생각과 말》, 웅진지식하우스, 2020.

에스더 M. 스턴버그 지음, 서영조 옮김, 정재승 감수, 《힐링 스페이스》, 더퀘스트, 2020.

이본 쉬나드 지음, 이영래 옮김, 《파타고니아, 파도가 칠 때는 서핑을》, 라이팅하우스, 2020.

임태수 지음, 《브랜드 브랜딩 브랜디드》, 안그라픽스, 2020.

최명화, 김보라 지음, 《지금 팔리는 것들의 비밀》, 리더스북, 2020.

황지영 지음, 《리스토어》, 인플루엔셜, 2020.

2. 논문

Ulrich. R. S., 'View through a window may influence recovery from surgery', Science 224 (4647), 1984, pp.420~421.

김미영, '브랜드 아이덴티티를 위한 공간의 체험적 표현 특성 연구', 조선대학교 대학원 박사학위논문, 2011.

이예지, '공간에 표현되는 뉴미디어아트 특성을 반영한 컨셉스토어 (Concept Store) 디자인에 관한 연구', 홍익대학교 대학원 석사학위논문, 2020.

이원정, '온라인의 등장으로 인해 변화한 체험적 관점에서의 오프라인 상업공간 역할 연구', 한국실내디자인학회, Vol.28 No.3(통권 134호), 2019.

3. 기사

'"동네빵집" 모시니 구독률 10배… 백화점에 부는 "구독 열풍"', 〈뉴스1〉, 2020. 11. 12.

'"영수증 필요하세요?" 앞으로 사라진다. 전자영수증 확대', 〈IT 동아〉, 2020. 12. 29.

'"월 1만 9,900원 매일 모닝 커피 한잔" 식품업계 대세된 "구독경제"', 〈더팩트〉, 2020. 7. 8.

'오프라인은 죽었다? 온라인 경험 녹인 "피지털" 매장 뜬다', 〈조선일보〉, 2021. 1. 4.

'고객 경험을 이분화한 스타벅스', 〈Ttimes〉, 2020. 6. 17.

'디지털시대 이성보다 감성이 충족돼야', 〈패션포스트〉, 2021. 2. 2.

'밀키트부터 술까지⋯ 구독경제에 빠지다', 〈조선비즈〉, 2020. 5. 19.

'삼성전자, TV 포장재 업사이클링으로 환경 보호 나선다', 〈더밸류뉴스〉, 2020. 4. 6.

'시몬스 테라스, 젊은 아티스트들 꿈펴는 창작 공간으로 '탈바꿈'', 〈메트로〉, 2021. 4. 2.

'시몬스침대, '하드웨어 스토어' 누적 방문 6만 명 돌파', 〈이데일리〉, 2020. 12. 24.

'온·오프라인 경계 허무는 기업들⋯ "끊김 없는 경험 줘야 MZ 잡는다"', 〈ZDNet Korea〉, 2020. 12. 7.

'온·오프라인 유통업계의 미래⋯ '리테일 테라피' 각축전', 〈주간한국〉, 2021. 4. 2.

'온라인으로 간 스타벅스, 흥행 통했다⋯ 5분 만에 품절', 〈국민일보〉, 2020. 12. 1.

'옴니채널 3.0 시대를 맞는 마케터의 자세', 〈디지털인사이트〉, 2021. 4. 8.

'유통업의 미래, 온라인과 오프라인의 융합 진화 '희미해지는 경계'', 〈산업일보〉, 2021. 4. 7.

'유플러스에서 츠타야와 베타가 보였다', 〈THEPR〉, 2020. 10. 15.

'지금은 덕후 전성시대', 〈패션포스트〉, 2021. 1. 13.

'침대는 1도 안 파는 침대 매장⋯ 오프라인 매장 반격 시작됐다', 〈중앙일보〉, 2020. 4. 26.

'택배·배달업체, '환경을 위한 노력'은?⋯ "과대포장·다회용보냉백 수거 원활하지 않아"', 〈녹색경제신문〉, 2021. 3. 26.

'통신사들, 체험형 매장으로 MZ세대 공략', 〈시사저널〉, 2020. 11. 2.

'포스트 코로나, 까다로워진 소비자들 속에서도 줄이 긴 식당들', 〈Inter Biz〉, 2020. 5. 8.

'한 사람에겐 열가지 취향이 있다. 삼성 家電 '0.1명'을 위한 기술', 〈한국경제〉, 2020. 7. 14.

p23	모듈형 테이블	Archdaily (http://www.Archdaily.com)
		Fangfang Tian
p47	파타고니아 광고	파타고니아(https://www.patagonia.com)
p55	삼성전자 에코패키지	삼성전자(https://www.samsung.com)
pp58~59	VOD SUITE	VOD SUITE (https://www.vodsuite.com)
p70	우리술한잔 오프라인 공간	우리술한잔(https://www.oneshotkorea.net)
p71	술담화 패키지	술담화(https://sooldamhwa.com)
p73	도제식빵 구독서비스	도제식빵(https://dojebakery.com)
p83	친환경 패키지	마켓컬리(https://www.kurly.com)
p105	후쿠 커피	ATLANTA COFFEE SHOPS
		(https://www.atlantacoffeeshops.com)
		Eugene
p143	포스터뮤스 숍	De Posthumuswinkel
		(https://www.posthumuswinkel.nl)
p163	모리오카 서점	Wallpaper (http://wallpaper.com)
		Nacasa & Partners, Miyuki Kaneko
p220	노드스트롬 로컬	WWD (https://wwd.com)
		Clint Spaulding
p230	아마존 살롱	Amazon (https://www.amazon.com)

머물고 싶은 순간을 팝니다

2021년 10월 20일 초판 1쇄 | 2022년 1월 14일 4쇄 발행

지은이 정은아
펴낸이 최세현　**경영고문** 박시형

책임편집 조아라, 백지윤　**디자인** 임동렬
마케팅 양봉호, 양근모, 권금숙, 이주형, 신하은, 유미정
디지털콘텐츠 김명래　**해외기획** 우정민, 배혜림
경영지원 홍성택, 이진영, 임지윤, 김현우
펴낸곳 (주)쌤앤파커스　**출판신고** 2006년 9월 25일 제406-2006-000210호
주소 서울시 마포구 월드컵북로 396 누리꿈스퀘어 비즈니스타워 18층
전화 02-6712-9800　**팩스** 02-6712-9810　**이메일** info@smpk.kr

ⓒ 정은아 (저작권자와 맺은 특약에 따라 검인을 생략합니다)
ISBN 979-11-6534-413-9 (03320)

쌤앤파커스(Sam&Parkers)는 독자 여러분의 책에 관한 아이디어와 원고 투고를 설레는 마음으로 기다리고 있습니다. 책으로 엮기를 원하는 아이디어가 있으신 분은 이메일 book@smpk.kr로 간단한 개요와 취지, 연락처 등을 보내주세요. 머뭇거리지 말고 문을 두드리세요. 길이 열립니다.